DER GARTEN IN DER KÜCHE

Sprossen, Kräuter, Pilze, Gemüse

ELIZABETH MILLARD

W0175672

Leopold Stocker Verlag

Graz – Stuttgart

Umschlaggestaltung: DSR Werbeagentur Rypka GmbH, 8143 Dobl, www.rypka.at

Bildnachweis:
Umschlagabb.: Vorderseite: Crystal Liepa; Rückseite (rechts unten/Mitte unten/links oben: Crystal Liepa; rechts oben: Shutterstock; Mitte oben: istock; links unten: Verlagsarchiv)
Abb. Innenteil siehe Bildnachweis S. 222

Titel der englischen Originalausgabe: Elizabeth Millard: Indoor kitchen gardening. Turn your home into a year-round vegetable garden: microgreens – sprouts – herbs – mushrooms – tomatoes – peppers & more. © by Cool Springs Press (a member of the Quarto Publishing Group USA Inc.), Minneapolis 2014

Aus dem Englischen ins Deutsche übertragen von Mag. Tanja Bruxmeier

Der Inhalt dieses Buches wurde von der Übersetzerin und vom Verlag nach bestem Wissen überprüft; eine Garantie kann jedoch nicht übernommen werden. Die juristische Haftung ist daher ausgeschlossen.

Bibliografische Information der Deutschen Nationalbibliothek
Die Deutsche Nationalbibliothek verzeichnet diese Publikation in der Deutschen Nationalbibliografie; detaillierte bibliografische Daten sind im Internet über http://dnb.d-nb.de abrufbar.

Hinweis: Dieses Buch wurde auf chlorfrei gebleichtem Papier gedruckt. Die zum Schutz vor Verschmutzung verwendete Einschweißfolie ist aus Polyethylen chlor- und schwefelfrei hergestellt. Diese umweltfreundliche Folie verhält sich grundwasserneutral, ist voll recyclingfähig und verbrennt in Müllverbrennungsanlagen völlig ungiftig.

Auf Wunsch senden wir Ihnen gerne kostenlos unser Verlagsverzeichnis zu:
Leopold Stocker Verlag GmbH
Hofgasse 5/Postfach 438
A-8011 Graz
Tel.: +43 (0)316/82 16 36
Fax: +43 (0)316/83 56 12
E-Mail: stocker-verlag@stocker-verlag.com
www.stocker-verlag.com

ISBN 978-3-7020-1550-3

Layout: DSR Werbeagentur Rypka GmbH, 8143 Dobl
Printed in China

Inhalt

Inhalt (fortgesetzt)

Inhalt (fortgesetzt)

Einleitung

Die Schulen, die ich als Kind in Minnesota besucht hatte, lagen immer in unmittelbarer Nähe von Kornfeldern und Bauernläden. Meine verträumten Blicke durchs Fenster während des Mathematikunterrichtes blieben jedoch für lange Zeit das Einzige, was mich mit der Landwirtschaft verband. Zwar waren meine Großeltern und Urgroßeltern Bauern, doch mein Leben in der Vorstadt war geprägt von einheitlich getrimmten Vorgärten und tiefgekühltem Gemüse. Und obwohl ich großen Gefallen daran fand, den Bienen in Nachbars Garten von meinem Versteck in den Bäumen aus zuzusehen, hätte ich mir nie erträumen lassen, dass ich einige Jahrzehnte später in meinem eigenen Garten graben, jäten und mich mit Kompost auseinandersetzen würde. Nahrung selbst zu produzieren ergab für mich genauso wenig Sinn wie Algebra (und schien mir mindestens genauso überflüssig zu sein).

In all den Jahren meines beruflichen Werdeganges blieben Lebensmittel für mich etwas Beiläufiges, dem ich wenig Beachtung schenkte. Obwohl ich versuchte, öfter selbst zu kochen und dabei auch mal zwei, drei verschiedene Gewürze zu verwenden, begann mein „Hunger auf mehr" erst kurz nach meinem vierzigsten Geburtstag.

Elizabeth (Bossy E) und Karla (Bossy K) in einer der rar gesäten Verschnaufpausen auf ihrem Bauernhof *Bossy Acres* in Minnesota, der zu den Betrieben gehört, die dem Projekt Community Supported Agriculture (CSA; Solidarische Landwirtschaft – siehe Anhang) angeschlossen sind.

Meine große Liebe zur Landwirtschaft ist mit einer Reihe von Verabredungen gewachsen. Ich lernte meine Partnerin Karla Pankow bei einem NGO-Bauprojekt von *Habitat for Humanity* im afrikanischen Sambia kennen und wir erzählen oft mit einem Schmunzeln, dass unsere Partnerschaft ihre Wurzeln fand, als wir mit schmutzverschmierten Händen unserer Arbeit nachgingen. Es schien uns eine gute Idee, diese Tradition fortzusetzen. Die wunderbare Einfachheit des Lebens – auch wenn wir sie nur wenige Wochen zu spüren bekommen hatten – ließ uns nicht mehr los. Nachhaltigkeit, Vielfalt, Dankbarkeit und jede Menge Schmutz sollten von nun an unseren Alltag bestimmen. Den Bauernhof *Bossy Acres* zu

gründen, war ein bahnbrechender Schritt in ein neues Leben, wie wir es uns so sehr wünschten.

Da der Winter in Minnesota bekannt dafür ist, jeden Optimisten in die Schranken zu weisen, begannen wir damit, eine reiche Vielfalt an Pflanzen in unserem Haus zu kultivieren, ehe wir uns an die Feldarbeit heranwagten. Je mehr wir mit Erbsensprossen, Keimpflanzen, Radieschen und anderem schmackhaften Gemüse experimentierten, desto mehr hatten wir das Gefühl, den Sommer in unseren vier Wänden einzuquartieren. Während die Autos auf den Straßen von Schneemassen begraben wurden, ernteten wir Schale um Schale winziger köstlicher Grünpflanzen. Wir hatten reichlich

Keimpflanzen und andere essbare Zimmergemüse sorgen nicht nur für einen zufriedenen Magen, sie bringen auch Farbe in Ihr Heim. Ihnen beim Wachsen zuzusehen, ist ein ganz besonderes Erlebnis.

zu tun, bis die Erde in den Hochbeeten in unserem Garten angetaut war und der Winter schließlich das erste Fleckchen Boden freigab.

Die längste Zeit über war ich der Meinung, das Ziehen von Gemüsepflanzen im eigenen Heim wäre etwas für Profis mit einem „tiefgrünen Daumen" und würde eine umfangreiche, teure Ausrüstung erforderlich machen. Eine Zweizimmerwohnung in der Stadt schien mir hierfür nicht der geeignete Ort zu sein, zumal ich keine großräumige Küche mit viel natürlichem Tageslicht hatte und keinen ausgebauten Keller, in dem ich reihenweise Gewächslampen anbringen konnte.

Meine Erfahrungen zeigten jedoch, dass ich im Unrecht war. Mit der Routine ergaben sich immer mehr Möglichkeiten, das „Küchengärtnern" richtig auszukosten. Nährstoffreiche Keimpflanzen, Alfal-fa- und Brokkolisprossen, sogar Rote Bete (Rote Rüben) und Pilze können – mit der richtigen Dosis an Licht, Luft, Wasser und Achtsamkeit – im Haus genauso gut wachsen wie gewöhnliche Zimmerpflanzen.

In diesem Buch werden Sie das Küchengärtnern von Grund auf erlernen, ausführliche Informationen zu einzelnen Nutzpflanzen erhalten und den häufigsten Anzuchtproblemen auf den Grund gehen, damit Sie sogleich Ihren eigenen Blätterwald gestalten können. Ausgehend von der Raumplanung und der Suche nach dem geeigneten Standort (für gewöhnlich die Küche, doch nicht immer) befassen Sie sich in weiterer Folge mit Bepflanzung, Bewässerung, Luftzirkulation, Bodenpflege und den vielen weiteren kniffligen Variablen, mit denen sich ein Küchengärtner auseinanderzusetzen hat. Bestandteil dieses Buches sind überdies

Der Bauernhof *Bossy Acres* stützt sich in erster Linie auf die freiwillige Mithilfe der Mitglieder des Projektes Solidarische Landwirtschaft (SoLaWi), die sich bereitwillig die Hände schmutzig machen.

Ideen für die Verwertung der hart erarbeiteten Ernte. Jahrelang war ich so sehr um das Aufziehen der Gemüsepflanzen bemüht, dass ich kaum Wert darauf legte, meinen Ertrag auch geschmackvoll zuzubereiten. Mittlerweile weiß ich, wie wichtig die Zubereitung als Teil einer jeden Anbaustrategie ist und verbringe genauso viel Zeit mit Einmachen, Vergären und Zerkleinern wie mit Jäten, Umsetzen und dem Einholen der Ernte. Natürlich kann es vorkommen, dass ich gelegentlich Obst- oder Gemüsesorten nur anpflanze, um zu sehen, ob diese überhaupt wachsen (meine Augen sind auf euch gerichtet, Artischocken …), doch ich bin immer vorbereitet für den Fall, dass mein Konzept aufgeht.

Mit diesem Buch soll Ihr Spieltrieb geweckt und Ihr Ernährungsbewusstsein geschärft werden. Ihre Freude wird groß sein, wenn die selbst gepflanzten Samen zu keimen beginnen, und Sie werden

Ein Glas bunt gemischter, würziger Keimpflanzen wird gewogen und für den Verkauf am örtlichen Bauernmarkt fertig gemacht.

Am hellen Küchenfenster können Kräuter fast genauso hoch wachsen wie im Freien.

Die erste Gemüsepflanze im eigenen Küchengarten heranwachsen zu sehen, gibt einem das nötige Selbstvertrauen, um es auch mit anderen Sorten zu versuchen und weitere Stellplätze zu begrünen.

Luftsprünge machen, wenn Sie frühmorgens nach dem Aufstehen den ersten zarten Spross entdecken. Auch wenn auf den folgenden Seiten das eine oder andere ambitionierte Projekt hineingeraten ist, befasst sich der überwiegende Teil dieses Buches mit Gartenpraktiken, die einfach umzusetzen sind. Das Küchengärtnern kommt so eher einer vergnüglichen Entdeckungsreise gleich, die jegliche Berührungsängste unbegründet werden lässt.

Egal ob Sie in einer kleinen Stadtwohnung leben, mit einer einzigen Farnpflanze auf dem Fensterbrett, oder ob Sie überlegen, wie Sie den herrlichen Wintergarten in Ihrem Landhaus am besten begrünen – jeder kann sich die Tipps und Strategien in diesem Buch zunutze machen, um sich seinen ganz persönlichen „essbaren Garten" zu schaffen.

Also: Auf ins Abenteuer!

Fensterbänke sind wie gemacht für Topfkräuter. Edle Keramik wird dabei wunderschön zur Geltung gebracht.

Ein paar Töpfe mit essbaren Pflanzen im Raum verteilt, können rasch zu einem ansehnlichen Küchengarten heranwachsen.

Schwierig erreichbare Ecken auf der Küchenarbeitsplatte bieten zusätzliche Stellflächen für die Pflanzenaufzucht. Bei guten Bedingungen brauchen Sie nicht einmal mehr für künstliches Licht, Wärme oder Belüftung zu sorgen.

Die Radieschen in den Tassen sind nur gute 10 cm hoch und können bereits geerntet werden. Das Aufsprießen des zweiten Blattpaares ist bei den meisten Keimpflanzen ein Indikator dafür, dass sie erntereif sind. (OBEN) Dort wo sich Zimmerpflanzen wohlfühlen, werden Sie auch mit essbaren Pflänzchen erfolgreich sein. Viel Sonnenlicht ist eine der wichtigsten Anforderungen für das Gedeihen der meisten Pflanzenarten, egal ob diese essbar sind oder nicht. (RECHTS)

TEIL EINS

Essbare Pflanzen im Haus anbauen

Ich habe mir oft ausgemalt, wie es wäre, die eine oder andere tropische Pflanze in meinem Esszimmer zu haben und mich an einem schneereichen Februarmorgen im kältegebeutelten Minnesota an meinen Mangos und Papayas zu erfreuen. Durch meine Küche würden sich Ranken mit üppigen, farbenprächtigen Blüten und exotischem Gemüse schlingen, und während die Kaffeemaschine noch blubbert, würde ich mir mein Frühstück in einen kleinen Obstkorb pflücken.

Theoretisch betrachtet könnte unter den richtigen Voraussetzungen zumindest ein Teil dieses Tagtraumes wahr werden. Ich könnte eine Calamondin-Orange kultivieren. Das Zwergbäumchen ist bekannt dafür, Temperaturen bis −6 °C standzuhalten. Oder aber ich verpflanze einen Avocadokern und gedulde mich vier bis sechs Jahre, bis das heranwachsende Bäumchen Früchte trägt.

Einmal hatte ich versucht, eine Luffapflanze (ein tropisches Kürbisgewächs, das an Zucchini erinnert) aufzuziehen. Die Prognosen waren wirklich nicht rosig, da Luffa in tropischen Klimazonen beheimatet ist. Die Pflanze wuchs schließlich eineinhalb Meter hoch, hatte große, kräftige Blätter und machte einen vielversprechenden Eindruck. Ihre Ranken waren um Vorhangstangen und andere Zimmerpflanzen geschlungen und ich verbrachte viel Zeit mit Trimmen und Stutzen, ohne je auch nur eine Frucht geerntet zu haben. Zimmergemüse zu ziehen, kann ein sehr ehrgeiziges Unterfangen sein und man sollte rechtzeitig einen Gang zurückschalten, ehe einem die Arbeit über den Kopf wächst. Vor allem aber ist es wichtig, sich im Vorfeld einen Plan für sein Projekt zurechtzulegen.

Ein Orangenhain in den eigenen vier Wänden, mit frischen Orangen und Zitronen, wohin das Auge reicht, ist in der Tat ein reizvoller Gedanke. Allerdings werden Sie mehr Glück haben, wenn Sie sich für den Anfang weniger vornehmen und auf Ihre Erfolge aufbauen.

VORAUSDENKEN

Ehe man sich's versieht, ist man mit vollem Eifer bei der Sache. All die weniger beliebten Begleiter der Gartenarbeit – Unkraut, Wühlmäuse, Kaninchen, noch mehr Unkraut, Vögel und, ach ja, habe ich schon Unkraut erwähnt? – sind bei einem Küchengarten aus Kräutern, Keimpflanzen, Blattsalaten und essbaren Blumen ausgeschlossen, sodass manch einer beim Schmökern i 1 Saatgutkatalogen dazu verleitet wird, Samen zu bestellen, die einen zwei Hektar großen Nebenerwerbsgarten füllen würden.

Bevor man die Bestellung abschickt, sollte man sich darüber im Klaren sein, was man tatsächlich anpflanzen möchte und ob es eine gute Ergänzung zu dem wäre, was womöglich bereits auf der Küchentheke wächst.

Einen Plan zu schmieden und versuchen, ihn zu befolgen, verleiht dem „Abenteuer Küchengarten" zusätzlichen Anreiz. Denn wenn ich weiß, warum ich ein spezielles Gemüse züchte und wie ich es verarbeiten werde, kann ich meine Projekte besser organisieren und die erwirtschafteten Mengen nahezu restlos verwerten. In meinem Esszimmer werden wohl keine tropischen Früchte die Wände hochwachsen, doch dafür habe ich die Gewissheit, keine überwucherten Pflanzen auf den Kompost karren zu müssen.

Hält man sich an seinen Plan, entwickelt man rasch ein Gefühl dafür, wie viel Zeit die angepflanzten Sorten zum Heranwachsen benötigen. Man kann den Zeitpunkt der Ernte voraussehen und entsprechend vorsorgen. So wird es einfacher, mehrere Projekte parallel laufen zu lassen, ohne sich dabei wie ein Gewächshausaufseher zu fühlen.

Sobald Sie eine grobe Vorstellung davon haben, was Sie pflanzen möchten, wird sich Ihr Blick unweigerlich auf andere entscheidende Faktoren, wie Platzwahl, Beleuchtung, Behälter etc., erweitern und Sie werden Schritt für Schritt die besten Voraussetzungen für Ihr Küchengartenabenteuer schaffen.

Wie sieht Ihr Plan aus?

Wenn das Küchengärtnern für Sie Neuland ist, werden Ihnen die folgenden Fragen dabei helfen, Pflanzen für Ihr erstes Projekt auszuwählen:

- *Was erhoffen Sie sich von Ihrem Vorhaben?* Möchten Sie Ihre Mahlzeiten das ganze Jahr über mit Gewürzkräutern verfeinern, überlegen Sie sich, welche Kräuter Sie wohl am häufigsten verwenden werden und lenken Sie Ihre Aufmerksamkeit darauf. Wollen Sie die Nährwertkomponente Ihrer Speisen erhöhen und für zusätzlichen Geschmack sorgen, entscheiden Sie sich für Keimpflanzen, Erbsensprossen und andere nährstoffreiche Pflanzen, die viele gesundheitsfördernde Eigenschaften besitzen und auf kleinstem Raum gedeihen.

- *Wie ehrgeizig wollen Sie sein?* Bestimmte Pflanzen wie Tomaten, Pilze und Kartoffeln sind in Zimmerkultur nicht immer einfach zu züchten, doch es kann gelingen. Solange Sie mit spielerischer Neugierde an die Sache herangehen, dürfen Sie das Küchengärtner-Kostüm überstreifen und loslegen. Sollte ein Kaktus bislang jedoch das Einzige gewesen sein, das Sie zu Hause gezüchtet haben und möchten Sie nun auf Zimmertomaten umsteigen, würde es nicht schaden, ein paar klitzekleine Schritte zusätzlich einzuplanen. Ein überschaubares Kräuterkistchen etwa wäre für den Anfang gut geeignet. Sobald Sie das Einmaleins der richtigen Pflanzfolge, Bewässerung und Schädlingsbekämpfung beherrschen, dürfen Sie beim Lesen der Saatgutbeschreibungen alter Tomatensorten ins Schwärmen geraten.

- *Wann nehmen Sie Ihre Urlaubstage?* Urlaubspläne und Kurzurlaube haben bereits viele meiner Küchengartenprojekte scheitern lassen. Zwar schätze ich die Bereitschaft von Freunden sehr, das Gießen und Trimmen zu übernehmen, fühle mich aber dennoch wohler, wenn ich Urlaubszeiten in meinen Bebauungsplan mit einrechne und an diesen Tagen vom Gärtnern Abstand nehme. Das erscheint mir vor allem dann als die beste Lösung, wenn ich viele Pflanzen auf einmal kultiviere. Wer würde schon gern eine Liste mit 30 ausführlichen Anweisungen zum Umgang mit Babykarotten, Salat, Keimpflanzen und Kulturpilzbeuteln abarbeiten, während ich mir mein zweites Bier an der Pool-Bar bestelle?

- *Möchten Sie eine reine Zimmerkultur oder sowohl Küche als auch den Garten im Freien nutzen?* Viele Hobbygärtner verlängern die Erntezeit, indem sie Pflanzen ins Haus stellen, wenn das Wetter kühler wird. Kräuter eignen sich hierfür besonders gut: Die meisten Sorten fühlen sich über die Wintermonate im Haus wohl und können im Frühling wieder ins Freie überstellt werden. Wenn Sie sich für diese Variante entscheiden, müssen Sie die Anzuchterde jedoch entsprechend anpassen. Einigen Pflanzen, wie etwa dem Koriander, bekommt der Ortswechsel gar nicht gut. Informieren Sie sich also bei der Pflanzenauswahl darüber, welche Sorten für eine abwechselnde Zimmer- und Freilandkultur am besten geeignet sind.

STANDORTWAHL

Eines gleich vorweg: Die Küche ist nicht immer der ideale Ort zum Kultivieren von Gemüse und Kräutern, auch wenn der Titel dieses Buches „Der Garten in der Küche" lautet. Die höhere Umgebungstemperatur im Küchenbereich kann bestimmten Pflanzen über die kälteren Monate hinweghelfen, die restliche Zeit des Jahres jedoch von Nachteil sein.

Meine Tassen mit Keimpflanzen beispielsweise fühlen sich im Herbst, wenn es draußen frostig wird, sehr wohl in meiner Küche. Derselbe Standort wäre im Sommer jedoch viel zu heiß für sie, weil die nach Süden gerichteten Fenster das Zimmerthermometer in die Höhe treiben. Die wärmeren Monate verbringen die Pflänzchen daher im Keller, wo ich Licht- und Luftstrom besser regeln und eine zu hohe Luftfeuchtigkeit vermeiden kann.

Tomaten und Paprika wiederum lieben es, auch im Hochsommer am großen Küchenfenster zu stehen, wo sie sich in der warmen Umgebung prächtig entfalten können. Würde man sie in einem kühlen Keller oder Dachboden kultivieren, wären viele technische Hilfsmittel erforderlich und der Kontrollaufwand wäre enorm. Sie sehen also, die Chancen stehen gut, dass es in Ihrer Wohnung für jede Pflanze genau den richtigen Stellplatz gibt. Schwärmen Sie aus und machen Sie die besten Standorte ausfindig.

Eine ruhige Ecke im Wohnzimmer kann als Gartenbereich genutzt werden oder der Anzucht von Jungpflanzen dienen. Die Sämlinge werden hier unter einer LED-Lampe aufgezogen, bis sie kräftig genug sind, um in größere Töpfe verpflanzt und andernorts aufgestellt zu werden.

Zwischen diese Türen würden Sie wohl keinen Schreibtisch oder Fernsehsessel stellen, aber ein schmales Regal mit Gemüsepflanzen lässt sich problemlos unterbringen.

Ein Tablett voll saftiger Keimpflanzen am Fenster kann einen eintönigen Ausblick um vieles attraktiver machen. (OBEN) Der Keller hält oftmals reichlich Platz für die Anzucht von Nutzpflanzen bereit. Alles, was Sie benötigen, ist eine leistungsstarke Gewächslampe und vielleicht etwas zusätzliche Wärme. (RECHTS)

Natürliches Sonnenlicht ist die beste Lichtquelle für Ihren Küchengarten. Sie sollten jedoch beachten, dass zu viel Sonne einigen zierlicheren Pflanzensorten schaden kann.

Licht

Am effektivsten und nachhaltigsten ist die Nutzung von Tageslicht als natürlicher Lichtquelle für Ihre Pflanzen. Für viele Küchengärtner wird aber auch der Einsatz von künstlichem Licht früher oder später eine Rolle spielen.

Generell gilt, dass nach Süden ausgerichtete Fenster als Standort zu bevorzugen sind, da sie mehr Licht durchlassen. An sehr heißen Tagen strömt mit den Sonnenstrahlen allerdings auch jede Menge Wärme in den Raum, sodass der vermeintlich ideale Sonnenplatz ohne eine ausreichende Belüftung das sichere Verderben für einige Ihrer Pflänzchen bedeuten würde.

Wählen Sie deswegen einen hellen Standort, der sich bei Bedarf beschatten lässt. Eine Markise oder Jalousie vor dem Fenster würde über die Mittagszeit vor zu viel Hitze schützen. Oder stellen Sie Ihre Pflanzen auf ein Regal, auf dem sie genügend indirektes Sonnenlicht abbekommen. Wenn Sie Topfpflanzen zu Hause haben, wissen Sie ja womöglich bereits, welche Standplätze sich am besten eignen und müssen nur noch für ein ausreichendes Maß an Pflege sorgen, damit auch Gemüse-, Obst- und Kräuterpflanzen in Ihrer Wohnung Wurzeln schlagen können.

Beim Küchengärtnern ist natürliches Licht kein Muss. Allerdings erspart man sich viel Arbeit, wenn man auf die Installation einer großflächigen künstlichen Beleuchtungsanlage verzichten kann. In den nach Süden ausgerichteten Räumen nutze ich das Sonnenlicht, so gut es geht. Mit Regalen und Stellflächen in Fensterhöhe gelingt es mir, jeden Lichtstrahl einzufangen, sodass eine zusätzliche Beleuchtung nur im Winter notwendig wird.

Luftzufuhr

Anders als Zimmerpflanzen verlangen Ihre essbaren Sämlinge nach einer regelmäßigen Luftzufuhr, um gut wachsen zu können. Zu Beginn war ich mir dieser Tatsache nicht bewusst. Schimmlige Samen, ausbleibende Keimung, Wachstumsschwierigkeiten und Ungeziefer, das aus allen Poren zu kriechen schien, waren die baldigen Folgen meiner Wissenslücke.

Ein künstlich geschaffener Luftstrom hilft dabei, die natürlichen Bedingungen im Freien nachzuahmen. Das wirkt sich positiv auf die Pflanzengesundheit aus und ist darüber hinaus der beste Schutz vor Schädlingen und Bakterienbefall. In meiner Küche öffne ich die Fenster auf beiden Seiten des Raumes und erreiche so ein optimales Maß an Zugluft. An Tagen, an denen der Luftstrom nicht ausreicht, weil draußen kaum Wind weht, schaffe ich mit Tischventilatoren Abhilfe.

In wenig belüfteten Räumen, etwa im Keller oder auf dem Dachboden, ist es besonders wichtig, für eine gute

Ein kleiner Tischventilator versorgt das bunt zusammengestellte Arrangement an essbaren Topfpflanzen mit Zugluft.

Luftzirkulation zu sorgen. Wenn Sie den Hauptstandort Ihres Küchengartens festgelegt haben, werden Sie die zusätzlichen ausführlichen Tipps zur richtigen Belüftung weiter unten in diesem Kapitel interessieren.

Keimpflanzen und Keimlinge (siehe Definition im Anhang) werden sehr dicht gesät. Kräuter- und Gemüsepflanzen, die bis zu ihrer vollen Reife heranwachsen, sollten jedoch möglichst frei stehen, um genügend Luft und ausreichend direktes und indirektes Sonnenlicht zu erhalten.

Platzbedarf

Versuchen Sie gar nicht erst, 20 verschiedene Kräutersorten auf einem Quadratmeter Küchenfläche anzupflanzen. Genauso wie im Gemüsegarten oder Hochbeet im Freien können sich die Jungpflanzen in Ihrem Küchengarten nur dann gut entfalten, wenn sie in ausreichend Abstand zueinander stehen. Viele Kräuter- und Gemüsesorten wachsen gern in Gesellschaft, brauchen aber ein Mindestmaß an Freiraum, Licht und Luft, um sich wohlzufühlen. Keimpflanzen und Keimlinge bilden hier die Ausnahme: Da sie bereits in der ersten Wachstumsphase geerntet werden, dürfen sie ruhig dichter gepflanzt werden.

Fertigen Sie beim Planen Ihres Küchengartens eine Skizze an und vermerken Sie darauf, wo jeder Topf später stehen wird. Wenn das Blatt vor Ihnen wie eine Spielvorlage für Tetris aussieht, sollten Sie ein paar Pflanzen aus dem Spiel nehmen, um den anderen Mitstreitern bessere Wachstumschancen zu eröffnen. Ein Standort nahe einem Wasseranschluss, etwa der Küchenspüle, macht das Gießen einfacher. Wenn Sie die Anzuchttassen direkt unter dem Wasserhahn befüllen, laufen Sie nicht Gefahr, den Boden rund um die Stellflächen zu verschmutzen und Tropfspuren im ganzen Haus zu hinterlassen.

Um Schmutz und überlaufendes Wasser zu vermeiden, tragen viele Küchengärtner ihre Pflanzen zum Gießen ans Waschbecken.

Bewässerung/Drainage

Dank der breiten Vielfalt an Gefäßen, die für die Pflanzenaufzucht zur Verfügung stehen, sind Bewässerung und Wasserabzug für gewöhnlich kein großes Problem mehr. Anspruchsvolle Keimpflanzen sollten am besten in der Küche Platz finden, wo man sie zum Bewässern oder zum Entleeren der Tröge in die Spüle stellen kann.

Ebenso als Standort begehrt ist das Badezimmer. Die Nähe zum Wasseranschluss und die hohe Luftfeuchtigkeit schaffen ideale Wachstumsbedingungen, vor allem für jene Pflanzenarten, die in feuchteren Gebieten beheimatet sind. Zwergzitronen-Bäumchen etwa können im Badezimmer wunderbar gedeihen, vorausgesetzt, ein paar Sonnenstrahlen gelangen in den Raum und die Zugluft ist ausreichend.

Ehe man im Badezimmer tätig wird, sollte man jedoch einige Gefahrenhinweise beachten. Folgender wichtiger Hinweis stammt von meinem Klempner, seinerseits ein begeisterter Hobbygärtner: Stellen Sie die Pflanzentassen zum Einweichen niemals in die Badewanne, wenn die Abflussleitungen in Ihrem Haus bereits veraltet sind! Das Vermiculit in der Anzuchterde würde in den Rohren sichere Spuren hinterlassen. Außerdem sollte man bedenken, dass das Badezimmer häufig der dunkelste Raum im Haus ist, weshalb die Installation einer künstlichen Lichtquelle unerlässlich ist. Zu guter Letzt möchte ich Sie noch darauf aufmerksam machen, wie viele verschiedene Pflegeprodukte in Ihrem Badezimmer regelmäßig zum Einsatz kommen: Deo-Spray, Haarspray, Parfüm, Puder usw. Alles, was von der Luft getragen wird, setzt sich im Kreislauf Ihrer Pflanzen ab. Und anders als der Farn am Fensterbrett werden Ihre essbaren Pflanzen ja früher oder später auf Ihrem Teller landen.

Luftfeuchtigkeit

Ähnlich wichtig wie eine stetige Luftzirkulation ist die Kontrolle der Luftfeuchtigkeit im Küchengarten. In manchen Fällen, etwa während des Keimungsprozesses, ist eine hohe Luftfeuchtigkeit durchaus wünschenswert. Bei heranwachsenden Erbsenkeimlingen hingegen würde eine plötzliche Feuchtigkeitszunahme dazu führen, dass vormals robuste Stiele in sich zusammensacken und verwelken.

Aus diesem Grund empfiehlt es sich, für die Dauer des Keimvorganges einen feuchteren Standort zu wählen als für die darauffolgenden Wachstumsphasen (das Badezimmer oder einen sonnigen Vorraum zum Beispiel). So schaffen Sie für die zarten Jungpflänzchen ein geschütztes Milieu, ähnlich einem Gewächshaus, von dem Sie Schädlinge, Bakterien und andere störende Einflüsse leichter fernhalten können. Mit einfachen Hilfsmitteln lässt sich die Feuchtigkeit an jedem beliebigen Standplatz regulieren. Wenn Sie die Keimlinge beispielsweise mit Plastikfolie bedecken oder die Anzuchtbehälter mit speziell dafür vorgesehenen kuppelförmigen Deckeln verschließen, ist ein Ortswechsel nicht erforderlich. Selbst in der Lage zu sein, die Feuchtigkeit zu regulieren, hilft dabei, die bestmöglichen Startbedingungen für einen ertragreichen Küchengarten zu schaffen.

Haustiere und andere Mitbewohner

Lästigen Gesellen wie Wühlmäusen, Kaninchen und Vögeln werden Sie in Ihrem Küchengarten wohl nicht begegnen, doch vielleicht weilt der Angreifer ja bereits unter Ihnen. Augenzeugenberichten zufolge kann sich die liebe Hauskatze ohne Vorwarnung in einen Mini-Godzilla verwandeln und die Zukunft der neu aufkeimenden Welt bedrohen.

In unserem Haushalt, wo zwei Hunde das Sagen haben, genügt es, die Türe zum Keller geschlossen zu halten und die Pflanzen, anstatt in Bodennähe, auf der Anrichte stehen zu haben, damit sie vor Übergriffen geschützt sind. Gewieftere Haustiere wie Katzen verlangen dem Küchengärtner schon eine etwas elaboriertere Defensivtaktik ab. Ich durfte schon viele pfoten-geschützte Anlagen bewundern und bin vom Einfallsreichtum mancher Küchengärtner begeistert: Mit Abschirmungen aus Draht, großen Steinen, Kunststoffnetzen und umgebauten Bücherregalen haben sie vormals unscheinbare Winkel im Haus in regelrechte Festungen verwandelt.

Als Standort käme also ein Raum in Frage, der einfach abzutrennen ist, ohne gleich auf Ziegel und Zement zurückzugreifen zu müssen. Bei Ihnen zu Hause mag das vielleicht die Küche sein, die die Nacht hindurch und tagsüber nach Bedarf mit einer Tür verschlossen werden kann, oder ein Gästezimmer, zu dem Ihre Haustiere ohnehin keinen Zutritt haben.

Was nun Übergriffe von tatsächlichen Schädlingen betrifft, ist die Sache schon um einiges schwieriger, denn das Aroma frisch gepflanzter Samen zieht Mäuse und anderes Kleintier magisch an. Selbst wenn Sie bislang nie Probleme mit ungebetenen Gästen hatten, ist es gut möglich, dass sich nach einiger Zeit rund um Ihr neues Gemüsebuffet Schlupflöcher auftun werden. Ich habe die Erfahrung gemacht, dass sich

Wenn es grün und blättrig ist, wollen Katzen und andere Mitbewohner mit Sicherheit einmal daran knabbern.

Mäuse in erster Linie in unfertige Keller-räume Zutritt verschaffen, und das haupt-sächlich während der kälteren Monate.

Zwischen September und April verlagere ich die Pflanzenaufzucht daher an andere Orte im Haus. Wenn sich kein anderer Platz finden lässt, ergreife ich Maßnahmen, um die Nager auf faire, aber effektive Weise fernzuhalten. Zum Glück habe ich bislang in den oberen Ge-schossen noch keine Nager entdeckt. Das verdanke ich wohl auch den Hunden, die mit allem, was kreucht und fleucht, sofort auf Tuchfühlung gehen.

Sie werden in späteren Kapiteln noch wesentlich mehr über die Abwehr von Schädlingen und Insekten erfahren. Fürs Erste sind Sie gut beraten, wenn Sie einen Standort wählen, der Ihnen sicher erscheint, damit Sie zukünftig der einzige Feinspitz sind, der sich von den Erträgen Ihres Küchengartens bedienen darf.

Eine selbst gemachte Umzäunung aus Maschendraht (ähnlich einem Hasenstallgitter) schützt Pflanzen und Töpfe vor neugierigen Haustieren. Allerdings hält der feinmaschige Käfig den Übergriffen hart-näckiger Mitbewohner meist nur kurzzeitig stand und ist zudem kein sonderlich schöner Anblick. Wesentlich entspannter lässt es sich gärtnern, wenn sich der Standort in einem abtrennbaren Raum befindet oder Ihr Haustier ein paar Stunden in der Benimmschule absolviert …

Ein großer Vorteil des Küchengärtnerns ist sicherlich, dass viele der Dinge, die Sie zum Anlegen Ihres Gartens benötigen, schon irgendwo im Haus herumliegen und darauf warten, benutzt zu werden.

Achten Sie bei der Wahl der Tröge auf die Form. Sehr praktisch sind längliche und rechteckige Behälter.

STELLPLATZ AUSRÜSTEN

Wenn der Hauptstandort für den Küchengarten in Ihren eigenen vier Wänden festgelegt ist, ist es an der Zeit, daraus eine blühende Grünzone zu machen, die so umwerfend ist, dass Sie die Gästeliste für Ihre Dinner-Party erweitern wollen, nur um mit locker-lässiger Stimme sagen zu können: „Ach, du meinst diesen Platz dort in der Küche? Ja, ich dachte, ich könnte für das Abendessen heute ein paar Salatpflänzchen und Kräuter ansetzen … Würdest du das nicht auch tun?"

Während Sie also Ihre Miene des bescheidenen, aber talentierten Küchengärtners einstudieren, sollten Sie die folgenden Dinge nach Hause karren, damit es sich in Ihrem Garten leicht und effizient arbeiten lässt und Sie auch genügend Häppchen zum Verkosten haben: Tröge, Erde, Regale, Lampen, Ventilatoren und, selbstverständlich, Samen oder Setzlinge. Ich werde nun auf jedes dieser Dinge genauer eingehen.

Auch wenn man vieles als Anzuchtbehälter zweckentfremden kann, haben Tröge und Tassen aus dem Fachhandel doch gewisse Vorteile gegenüber abgetragenen Gummistiefeln. Kunststofftröge mit Ablauftassen für die Pflanzenaufzucht sind nicht teuer.

Pflanzgefäße

Die Möglichkeiten, Zimmergemüse schön zu verpacken, gehen ins Unermessliche. Zu den Highlights, die ich gesichtet habe, zählen alte Buddeleimer, ausgediente Handtaschen, alte Stiefel, Angelkästen, kaputte Laden, Weidekörbe; sogar ein Trolley mit abgesägter Deckklappe war dabei. Es kann Spaß machen, Dinge, die nicht mehr gebraucht werden, aus dem Keller zu holen und ihnen neues Leben einzuhauchen. Für bestimmte Projekte ist das eine durchwegs erfolgreiche Strategie. Allerdings sollten Sie beim Durchwühlen des Abstellraumes ein paar Spielregeln beachten.

Wurzeltiefe

Jedes Gemüse, jede Frucht und jedes Kraut benötigt zum Anwurzeln Freiraum nach unten. Auch wenn Sie zu Beginn wohl nicht die Absicht haben werden, Tiefwurzler wie Spargel oder Artischocken zu züchten (beide haben Wurzeln, die eine Mindesttiefe von 60 cm erreichen), sollten Sie bei der Behälterwahl eine ungefähre Ahnung davon haben, welche Tiefe erforderlich ist.

Keimpflanzen beispielsweise werden so früh in ihrem Entwicklungsstadium geerntet, dass sie kaum Platz nach unten benötigen. Einige Züchter verwenden deshalb anstelle von Erde ein nährstoffgetränktes Vlies, das ein Wachstum bis zu einigen Zentimetern ermöglicht. Als kleines Experiment mit Ihren Kindern könnten Sie Keimpflanzen in einer Flaschenverschlusskappe oder einer Kaffeeuntertasse ansetzen – alles, was einfach zu befeuchten ist und eine Woche lang standhält, erfüllt den Zweck.

Die meisten anderen Kandidaten für Ihren Küchengarten benötigen mehr

Nicht der ideale Untersatz für Keimpflanzen, doch hübsch sieht es allemal aus. Das Büschel, das aus dieser Verschlusskappe wächst, demonstriert, wie freizügig Sie bei der Behältniswahl vorgehen dürfen.

Platz, um ihre Wurzeln ausstrecken zu können. So liegt der überwiegende Teil der Wurzeln bei den meisten Gemüsesorten innerhalb der ersten 15 cm unter der Erdoberfläche. Der ideale Trog besitzt daher eine breite Öffnung, damit der Boden gut atmen kann und nicht verklumpt, und wird der Größe der Pflanze gerecht. Es wäre kein Fehler, Babykarotten in einem 30 cm tiefen Gefäß anzupflanzen, doch Sie würden letztlich viel mehr Erde verwenden, als die Pflanzen zum Wachsen benötigen.

Achten Sie bei der Auswahl der Behälter auf Wirtschaftlichkeit und Nutzen: Das Gefäß muss für die Wurzelbildung tief genug sein, sollte aber nicht unnötig viel Erde verschlucken.

Drainage

Wenn Ihnen die Idee gefällt, ausgedienten Gebrauchsgegenständen ein Blätterkleid zu verpassen, haben Sie bestimmt schon einige geeignete Objekte im Sinn. Wenn Ihnen die Auswahl im Gartencenter besser zusagt, sollten Sie sich für Behälter mit Drainagefunktion entscheiden, aus denen überschüssiges Wasser abfließen kann. Dies funktioniert entweder durch ein Loch in der Unterseite des Topfes oder durch viele kleine Schlitze, die sich an der Bodenfläche entlangziehen.

Obwohl sich in meinem Keller ein reicher Fundus an potenziellen Pflanzentöpfen befindet, fällt meine Entscheidung meist auf die rechteckigen Tröge mit Wasserabzugsschlitzen aus dem Gartencenter. Darin bleibt die Schimmelgefahr gering, selbst wenn ich versehentlich zu viel Wasser zugeführt habe. Zudem kann ich die Pflänzchen zum Bewässern in die leicht

Handelsübliche Anzuchttröge verfügen in der Regel über Abzugslöcher, die für die Zimmerkultur von wesentlicher Bedeutung sind. Ein dazugehöriger Untersetzer sorgt dafür, dass das abfließende Wasser aufgefangen wird.

befüllte Spüle stellen – eine Maßnahme, die bei einigen Gemüsesorten sehr beliebt ist, da das „Gießen von unten" dabei hilft, Staunässe oder Probleme mit dem Blattwuchs in den Griff zu bekommen. Auch Tröge mit dicht gesäten Keimlingen (Erbsenkeimlinge zum Beispiel) profitieren von der umgekehrten Wasserzufuhr, da die Wurzeln auf diese Weise Feuchtigkeit aufnehmen können, ohne dass die zarten Pflänzchen durch Regen von oben zu Schaden kommen.

Nicht alle Pflanzen verlangen nach derart viel Aufmerksamkeit (trockenheitsresistente Zimmerpflanzen sind besonders pflegeleicht), doch für die meisten Gemüse, Kräuter, Keimlinge und anderen essbaren Gewächse ist ein gut belüfteter Boden dank funktionierender Drainage das Um und Auf für ein gesundes Wachstum.

Versuchen Sie es ruhig mit der skurrilen Brotdose aus Ihrer Grundschulzeit, doch seien Sie bereit dazu, auf Fachwerkzeug umzusteigen, sollte die Wurzelfäule Ihren Pflänzchen zu stark zusetzen.

Material

Viele umfunktionierte Gebrauchsgegenstände sind vom Material her gut als Pflanzentrog geeignet. Die Gummistiefel etwa halten den Boden feucht und der metallene Leiterwagen Ihrer Kinder gibt einen großartigen mobilen Setzkasten ab. Der gewünschte Wasserablauf lässt sich auch im Nachhinein anbringen, indem man etwa ein paar Löcher in die Unterseite bohrt.

Auf eines dürfen Sie jedoch nicht vergessen: Ihre Aussaat ist für den Verzehr bestimmt! Wenn Sie also die schicke Ölkanne aus den 1960er-Jahren verwenden wollen, müssen Sie beim Entfernen der Ölrückstände sehr gründlich vorgehen. Und selbst dann würde ich darin nur etwas pflanzen, wenn ich keine andere Wahl hätte.

Jeder Behälter, der mir in Verbindung mit giftigen Substanzen verdächtig erscheint, wird von meiner Liste gestrichen. Es mag vielleicht ein gewisses Flair von Landlust versprühen, eine rostige Scheibtruhe (bzw. einen Schubkarren) zu bepflanzen, doch man sollte hierfür nicht-essbare Alternativen wählen. Ich weigere mich jedenfalls, mein Gemüse Rost, Chemikalien und anderen Gefahren auszusetzen, da diese das Pflanzenwachstum beeinträchtigen können und letzten Endes ihren Weg auf meinen Teller finden würden (wenn auch nur in kleinen Mengen).

Kunststoff- und Terrakottatöpfe sind zwei der gängigsten Pflanzgefäße. Beide Sorten bringen sowohl Vor- als auch Nachteile beim Einsatz im Küchengarten.

Pflanzgefäße: Materialien und deren Eigenschaften

Einige Materialien sind durchlässiger als andere. Töpfe aus Terrakotta beispielsweise entziehen der Erde Feuchtigkeit, was ein häufigeres Gießen erforderlich macht. Im Folgenden finden Sie die Vor- und Nachteile der gängigsten Gefäßarten:

- *Kunststoff:* Für den Großteil meiner Pflanzen verwende ich Behälter aus Kunststoff, auch wenn der ästhetische Wert und die Haltbarkeit nicht besonders hoch sind. Für mich liegt ihr Nutzen darin, dass sie leicht sind, ich sie stapeln kann, wenn ich sie nicht brauche, sie kaum etwas kosten (oder gratis zu haben sind, wenn andere Gartenfreunde ihren Bestand verkleinern möchten) und man problemlos zusätzliche Drainagelöcher einstechen kann. Das ändert natürlich nichts an der Tatsache, dass Kunststofftröge ein Erdölprodukt sind und daher nicht zu den umweltfreundlichsten Optionen zählen. Ich versuche meinen ökologischen Fußabdruck klein zu halten, indem ich sie, so oft es geht, wiederverwende.
- *Styropor:* Ich selbst verwende weiße Styroporbehälter nur selten, doch ich kenne einige Küchengärtner, die sehr gute Erträge damit erzielen. Um lebensmittelechte Behälter zu bekommen, genügen ein paar Anrufe in den Supermärkten in Ihrer Umgebung. Die meisten Lebensmittelhändler bekommen täglich Styroporschalen geliefert und haben kaum Möglichkeiten zur Wiederverwertung. Sie könnten das Abfallprodukt also für Ihre Zwecke recyceln. Der Styroporschaum bietet ausgezeichnete Wärmedämmung und lässt sich leicht durchbohren, um im Boden einige Drainagelöcher zu installieren. Die Optik ist ein klarer Nachteil, doch nach einem Griff in den Farbtopf sehen die Kästen gar nicht mehr so sehr nach Tiefkühlverpackung aus.
- *Stein:* Gefäße aus Stein sind wegen ihres Gewichts wohl eher im Freien zu finden. Eine gute Lösung bieten kleinere Steintöpfe. Sie schützen die Pflanze vor Wärme von außen und sind mit Sicherheit sehr langlebig.
- *Terrakotta/Ton:* Diese Töpfe sind poröser und können bei Gefrieren der Pflanzenerde Risse bekommen. Zum Überwintern in der Garage müssen sie daher zuvor entleert werden. Von weitaus größerer Bedeutung für das Küchengärtnern ist die Eigenschaft von Ton, Wärme über lange Zeit hinweg zu speichern. Was für wärmeliebende Pflanzen wie Paprika und Melanzani (Aubergine) ideale Wachstumsbedingungen bedeutet, kann bei weniger hitzeresistenten Pflanzen dazu führen, dass ihre Wurzeln regelrecht „gegrillt werden". Ganz allgemein gesagt ist diese Behälterart jedoch optisch sehr ansprechend, preiswert und stauwasserresistent.
- *Holz:* In vielen Küchengärten sind Holzkästen eine elegante Lösung, vor allem dann, wenn sie richtig schön verwittert aussehen (und dazu einige Monate lang bei Wind und Wetter im Freien gelegen haben). Doch Holz birgt auch Risiken im Bereich der Lebensmittelsicherheit: Um das Holz vor Schimmel und Verfall zu schützen, werden die Kästen zum Teil mit aggressiven Chemikalien behandelt, die in den Pflanzenkreislauf gelangen können. Es ist gut möglich, dass ältere Tröge Giftstoffen ausgesetzt waren, die Arsen in die Pflanzenerde abgeben können. Ich schütze mich davor, indem ich die Holzkästen als Übertöpfe für die eigentlichen Pflanztröge verwende. Sind die Blätter erst einmal angewachsen, verdecken sie den Spalt zum Übertopf. Eine andere Möglichkeit, Holz lebensmittelsicher zu machen, ist die Versiegelung mit einem geeigneten Pflegemittel, wie etwa einer Lösung aus Mineralöl und Bienenwachs oder einem Mittel auf Sojabasis (erhältlich im Fachhandel). Verwenden Sie keinesfalls herkömmliche Holzpflegemittel zum Versiegeln, denn diese sind randvoll mit Chemikalien, die sich mit Küchenkräutern und Zimmergemüse nicht gut vertragen.

Sie sehen, das perfekte Gefäß gibt es nicht. Entscheiden Sie sich für ein Sortiment an Behältern, die für die Aufzucht von essbaren Pflanzen bedenkenlos sind, optisch gut in Ihre Küche oder andere Grünbereiche passen und leicht zu bewässern sind.

Viele Substrate für die Zimmerkultur beinhalten weder Kompost noch Erde, sondern bestehen aus einer Mischung aus Torf, Kokosfaser, Vermiculit, Baumrinde und Knochenmehl.

Erde

Unter den vielen verschiedenen Faktoren, die beim Küchengärtnern zusammengreifen, kann die Bedeutung der Anzuchterde gar nicht genug hervorgehoben werden. Sie macht oft zwischen gesundem, schmackhaftem, nährstoffreichem Gemüse und kränklichen, blassen Pflanzen, die nicht keimen wollen, den entscheidenden Unterschied aus.

Als ich mit dem Küchengärtnern begann, sagte ich mir: „Erde ist Erde, nicht wahr?" Die Erde in meinem Vorgarten schien mir genauso gut geeignet zu sein wie die hübsch verpackten Säcke im Gartencenter. Gemüse wächst doch auf jedem Feld, wozu also die Umstände? Anzuchtmischungen hielt ich für gut vermarktete Mogelpackungen. Knapp eine Woche später stellte ich überrascht fest: „Hey, wo kommt denn all dieses Ungeziefer her?" Und nach etwa einem Monat begann ich mich zu fragen: „Hmm, warum wächst hier denn nichts?"

Gut verarbeitetes Substrat, das auf die Verwendung im Innenbereich abgestimmt ist, hat durchaus seine Berechtigung. Die Luft ist trockener als draußen und ein Pflanzentrog bietet weitaus weniger Platz und Nährstoffe als der Boden im Gemüsegarten oder im Hochbeet. Sie benötigen also eine Anzuchterde, die locker und luftdurchlässig ist und Feuchtigkeit optimal speichert.

Auch wenn Sie die Erde aus Ihrem Vorgarten mit Kompost vermengen, würden Wasserabzug und Belüftung nur sehr eingeschränkt funktionieren und Ihre Sämlinge würden, wenn überhaupt, nur schlecht gedeihen. Zudem besitzt Gartenerde oft einen höheren Stickstoffgehalt, der für das Gemüsebeet im Freien hervorragend geeignet ist, jedoch in komprimierter Form die Wurzeln in einem engen Gefäß ersticken würde.

Nun zum Thema Schädlinge. Gartenerde ist wie gemacht für Schädlinge aller Art. Ich könnte meine Pflanzen in einem versiegelten Raum kultivieren, der ausschließlich mit sauberer, filtrierter Luft belüftet und nur von freiwilligen Helfern in Schutzanzügen betreten wird, und dennoch ließen sich die Biester nicht vermeiden. All Ihre Bemühungen um ideale Wachstumsbedingungen werden erfolglos bleiben, wenn Sie die Schädlinge frei Haus mitsamt der Gartenerde, in der sie schlummern, in Ihren Küchengarten transportieren.

Menschen mit „dunkelgrünem Daumen" würden aber wohl auch dieses Problem meistern. Meine Partnerin Karla etwa schafft es, alles Mögliche an jedem nur erdenklichen Ort zu züchten. Ich bin mir sicher, sie könnte auch einen Mangobaum erfolgreich durch einen kalten Winter bringen, wenn sie wollte. Weil mir das nicht gelingen würde, gehe ich bei der Vorbereitung meiner Gartenprojekte sehr überlegt vor und möchte meine Tipps an dieser Stelle mit Ihnen teilen (für den Fall, dass Sie sie benötigen):

Vermiculit ist ein Glimmergestein, das zuerst gemahlen und dann durch Hitzezufuhr zum Bersten gebracht wird, ähnlich wie Popcorn. Es besitzt keinen Nährwert für die Pflanzen, sondern dient dazu, ein Verklumpen des Substrates zu verhindern.

- Einige der besten Anzuchtmischungen für die Zimmerkultur kommen gänzlich ohne Erde aus und beinhalten stattdessen Rohstoffe wie Torf, Knochenmehl, Kokosfaser (gemahlene Kokosschalen), Baumrinde und Vermiculit.

- Letztere Substanz erweist sich als besonders nützlich – Vermiculit ist ein flockiges, kieselsteinförmiges Silikat. Es fördert ein schnelles Wurzelwachstum, festigt das junge Wurzelgewebe, ermöglicht den Erhalt von Feuchtigkeit im Boden und unterstützt den Keimprozess. Vermiculit findet sowohl im Gartenbau als auch im Bereich des Gefahrguttransportes, aber auch als Anreicherung in Baubeton Verwendung. Vielen Pflanzensubstraten ist das Silikat bereits beigemengt; aufgrund seiner weißen, kreideähnlichen Struktur ist es leicht zu erkennen. Wenn Sie Ihre Anzuchterde selbst zusammenstellen wollen, wäre eine Mischung aus Vermiculit und Komposterde empfehlenswert.

Biologischer Anbau

Dies scheint ein guter Moment zu sein, um aufs Podium zu klettern und die Flagge für den Bioanbau zu hissen. Ich liebe die Aussicht von hier oben … Um es auf den Punkt zu bringen: Unser Betrieb wird biologisch bewirtschaftet und wir glauben fest an unser Konzept der nachhaltigen Landwirtschaft. Das beginnt beim Koriander, der auf meinem Küchentresen wächst, und reicht bis hin zu den alten Tomatensorten, die wir auf unseren Feldern kultivieren. Ich befasse mich intensiv mit dem Thema Pflanzenerde und kaufe bei ortsansässigen Gärtnereien. Zwar bezahle ich dort mehr für meine Substratmischung, muss mir im Gegenzug aber weniger Sorgen um die Inhaltsstoffe machen.

Das, was ich züchte, möchte ich auch ruhigen Gewissens genießen können. Um dabei, so gut es geht, ohne Chemie und Giftstoffe auszukommen, sind mir ein paar zusätzliche Euro Startgeld nicht zu viel.

Wenn Pflanzenerde als „Bio" deklariert ist, muss sie nicht unbedingt natürlich und nachhaltig sein. Als ich unlängst in einem Gartennotfall steckte (diese können tatsächlich eintreten!) und auf schnellstem Wege frische Pflanzenerde benötigte, habe ich gegen meine eigenen Nachhaltigkeitsprinzipien verstoßen und einen Sack Bio-Erde vom Großmarkt geholt – zu einem verdächtig günstigen Preis. Der Inhalt war ziemlich schwer und beim Öffnen flogen mir Verpackungspapier, Drähte, Glasperlen und anderer sonderbarer Abfall entgegen.

Weil ich keine andere Wahl hatte, verwendete ich die Erde. Sie war bereits nach kurzer Zeit derart verklumpt, dass sich meine Tröge in Erdblöcke verwandelten, die nicht mehr trocknen wollten. Die Keimung blieb aus und als ich die Pflanzen entsorgte, waren die Blöcke fast so hart wie Ziegelsteine. Hätte ich einen Erdwall an vorderster Front bauen wollen, wäre dies ein ehrwürdiger Moment gewesen, doch so habe ich bloß Zeit, Geld und Energie vergeudet.

Wählen Sie eine Pflanzenerde, die speziell für die Aufzucht von Zimmergemüse und -kräutern geeignet ist. Diese ermöglicht aufgrund ihrer Zusammensetzung einen besseren Wasserabzug und enthält nur eine geringe Menge an Düngemitteln. Das ist besonders wichtig, weil zu viel Dünger die Wurzeln der Pflanzen verätzen kann, vor allem in kleinen Behältern. Ich verwende für die Aufzucht in der Regel eine Substratmischung aus Kompost und Vermiculit. Wenn ich merke, dass eine meiner Pflanzen beim Heranwachsen Schwierigkeiten hat oder die Keimung ungewohnt lange dauert, ziehe ich Knochenmehl oder Fischmehl als Düngemittel in Erwägung. Beide regulieren den Anteil chemischer Substanzen im Substrat, ohne die Sämlinge dabei zu stark anzugreifen. Dünger und Komposterde harmonieren in der Regel gut miteinander, da beide Nährstoffe liefern, die besonders in den frühen Stadien des Wachstums wichtig sind.

Das beste Substrat für die Zimmerkultur, frei nach Bossy E

Schritt Eins: Füllen Sie sieben bis acht Becher Anzucht- oder Komposterde und zwei Becher Vermiculit in einen Eimer.

Schritt Zwei: Vermengen Sie die trockenen Bestandteile mit Ihren Händen.

Schritt Drei: Fügen Sie Wasser hinzu; je nachdem, wie trocken die Erde ist, werden mindestens zwei bis drei Becher erforderlich sein. Rühren Sie das Wasser langsam unter, bis beim Zusammendrücken einer Handvoll Erde ein paar Tröpfchen (kein Strahl) Flüssigkeit austreten.

Schritt Vier: Überprüfen Sie die Konsistenz des Substrates. Es sollte ohne viel Druck in Ihrer Handfläche zusammenhaften und beim Loslassen locker auseinanderfallen.

Küche und Wohnzimmer müssen nicht wie Gewächshäuser angelegt sein, damit Gemüse und Kräuter wachsen können. Stilvolle Regale, die sich ins Raumbild einfügen, erfüllen den Zweck genauso.

Regalböden aus beschichtetem Metallgitter sind günstig, langlebig und meist höhenverstellbar. Sie ermöglichen zudem eine gute Belüftung.

Stellflächen

Wenn Sie Ihren Küchengarten planen, ist beim Schaffen von Stellflächen wohl die meiste Kreativität gefragt. Zu den kuriosesten Regalbauten, die ich gesichtet habe, zählen alte Fensterläden, wiederverwertete Holzlatten auf Schalungssteinen (diese haben mich stark an meine erste Studentenbude erinnert) und Bücherregale, auf denen sich die Pflanzen in den oberen Rängen und leicht durchnässte Bücher in den unteren Rängen Platz fanden.

Im Grunde ist es egal, für welche Werkstoffe Sie sich entscheiden, solange sie dem Gewicht standhalten und nass werden dürfen, wenn die Pflanzen mit Wasser besprüht werden müssen oder frisch gewässerte Töpfe und Tassen in die Regale gestellt werden.

Bei mir zu Hause finden sich eine Reihe umgebauter Stellflächen, vom ehemaligen Kräutergewürzstand bis hin zum alten Nachttischkästchen. Es macht Spaß, den Keller zu durchforsten und unbenutzte Möbelstücke mit neuem, raffiniertem Gärtnerblick zu mustern.

Wenn Sie sich Ihr Regalsystem von Grund auf selber bauen möchten, können die folgenden Hinweise nützlich sein:

- *Ziehen Sie Gestelle in Metallkonstruktion in Erwägung.* Sie sind standfest, einfach im Aufbau und nach allen Seiten hin geöffnet. Regalböden aus Edelstahl mit vorgefertigten Lochbohrungen sind besonders praktisch, da sie die Luftzirkulation verbessern und ein schnelles Montieren von Gewächslampen ermöglichen, ohne selbst mit der Bohrmaschine Hand anlegen zu müssen, wie das bei Holz der Fall wäre.
- *Stellen Sie keine Pflanzen auf Regale, die Ihnen am Herzen liegen.* Dieser Rat mag seltsam klingen, doch Sie können davon ausgehen, dass Schmutz und Nässe vor keiner Stellfläche haltmachen werden. Auch wenn Sie noch so sehr darum bemüht sind, die Unterseite Ihrer Behälter trocken zu halten, werden unliebsame Wasserflecken auf Holzregalen nicht ausbleiben.

- *Denken Sie beim Kauf von Regalen an die Beleuchtungsmöglichkeit.* Wir werden uns im nächsten Kapitel mit den richtigen Lichtverhältnissen für die Pflanzen auseinandersetzen. Einstweilen genügt es zu wissen, dass handelsübliche Lichtleisten in einer Länge von 120 cm erhältlich sind. Wenn Sie ein Regal kaufen, das dieser Breite entspricht, haben Sie alles richtig gemacht. Nachdem ich jahrelang mit wirr zusammengewürfelten Beleuchtungssystemen der Marke „Eigenbau" vorliebgenommen habe, bei denen die Leuchtmittel in allen Winkeln aus den Regalen hinausgeragt sind, war ich für diesen Hinweis vom Fachmann überaus dankbar.

- *Wählen Sie höhenverstellbare Regale.* Diese haben den Vorteil, dass sie dem variablen Lichtbedarf Ihrer Pflanzen entsprechend ausgerichtet werden können. Als ideale Ergänzung hierfür eignen sich hängende Leuchtstoffröhren. Diese lassen sich an den seitlich am Gehäuse angebrachten Metallketten bedarfsgerecht heben und senken. Verstellbare Regale eignen sich zudem hervorragend als Stauraum für Werkzeug, Reservebehälter, eine Gießkanne oder andere nützliche Utensilien. Ein Tipp zur Lagerung: Bewahren Sie Saatgut auf freien Stellflächen immer in fest verschließbaren Behältern auf, um Schädlinge fernzuhalten.

Entscheiden Sie sich für ein Regalsystem, das viel Licht (natürliches und künstli-

Verwirklichen Sie die Idee des „essbaren Gartens" in den eigenen vier Wänden und stellen Sie Kräuter und Keimpflanzen neben Zimmerpflanzen oder Schnittblumen zum Verkosten und Bestaunen.

ches) zulässt, den Pflanzen Raum zum Wachsen gibt und eine ausreichende Luftzirkulation ermöglicht. Wie bereits erwähnt, ist eine schlechte Belüftung einer der häufigsten Gründe für böse Überraschungen wie Schimmelbefall und Krankheiten.

Wenn sich herausstellt, dass ein Standort gar nicht so gut geeignet ist wie zuvor angenommen, kann es notwendig werden, die Regalkonstruktionen zu verschieben. Vor allem Küchengarten-Neulinge sind häufig mit diesem Problem konfrontiert: Der vermeintlich ideale Stellplatz erweist sich als zu nahe am Fenster oder zu weit entfernt von einem Stromanschluss für Gewächslampen oder als zu kühl und stickig. Bei der Standortwahl flexibel zu bleiben (mit rollenden Regalen hat man in diesem Fall die besten Karten) ist Teil der Erfolgsstrategie im Abenteuer Küchengarten.

Eine mobile Lichtleiste mit einer Vollspektrum-Leuchtstofflampe bietet perfekte Lichtverhältnisse für die Zimmerkultur. Wählen Sie ein Modell mit Ketten an den Seiten zum einfachen Heben und Senken der Lampe.

Lampen

Wenn ich Seminare über das Züchten von Gemüse, Keimpflanzen und Kräutern im Innenbereich halte, ist die Frage nach den Lichtverhältnissen stets die erste, die ich gestellt bekomme. Ich sollte wohl in meiner Einleitung eines gleich vorweg schicken: „Ich verspreche Ihnen, Sie benötigen keine teuren Speziallampen, die schwer zu bekommen sind und rasch ausbrennen. Ehrenwort."

Alles, was Sie benötigen, sind handelsübliche Vollspektrum-Leuchtstofflampen, ähnlich jenen, die in Bürogebäuden zu finden sind. Für die einfache Montage an der Standfläche sollte das Metallgehäuse der Leuchtstoffröhre über Ketten an beiden Enden verfügen.

Leuchtmittel und Zubehör sind in jedem Baumarkt zu haben und kosten in der Regel nicht mehr als 30 Euro.

Wenn Sie eine große Standfläche für die Aufzucht planen, sparen Sie mit dem Kauf von Großpackungen zusätzliches Geld. Ich habe für meine Lampen samt Aufhängevorrichtungen etwa 10 Euro pro Stück bezahlt. Das ist ein großer Unterschied im Vergleich zu Anzuchtlampen mit LED-Technik, wo eine einzige Lampe gut 60 Euro kosten kann.

Die Chancen stehen gut, dass Sie die geeignete Beleuchtung bereits in Ihrer Küche vorfinden. Das Licht der Leuchtstoffröhre über Ihrer Arbeitsfläche ist hervorragend geeignet, um das Wachstum von Gemüse-, Kräuter- und Obstpflanzen voranzutreiben. Alles, was Sie jetzt noch brauchen, ist ein kleines Podest oder Regal, mit dem Sie die Pflanzen näher an die Lichtquelle bringen können. Ich habe mir diese Art der Beleuchtung in meiner Küche zunutze gemacht und züchte meine Kräuter in kleinen Kunststoffbehältern in einem umfunktionierten Gewürzregal.

Abgesehen von dieser Grundausstattung gibt es natürlich noch andere Beleuchtungsmöglichkeiten, mit denen Sie besonderen Wachstumsbedürfnissen nachkommen können. Wenn die Stiele beispielsweise zu dünn und lang sind und nur wenige Knospen aufblühen, können Sie mit rotem und orangem Licht die Blütenbildung fördern. Sind die Stiele zu kurz und die Blätter zu gedrungen, hilft blaues und grünes Licht dabei, das Wachstum von Pflanze und Blättern zu regulieren.

Hier sind Ihre Möglichkeiten im Überblick:

Glühbirnen

- Hauptsächlich verwendet für wärmeliebende Zimmerpflanzen, die mit wenig Licht auskommen.

Nur etwa 10 Prozent ihrer Leistung entfällt auf Licht, der Rest auf Wärme. Für die Aufzucht essbarer Sorten sind sie weniger geeignet, da sie die Pflanze „kochen" würden.

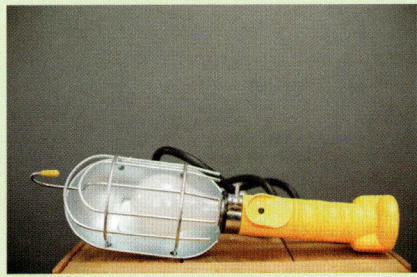

Eine hängende Arbeitslampe mit Glühbirne strahlt mehr Wärme als Licht aus; eine Eigenschaft, die in der Pflanzenzucht nicht immer von Nachteil ist.

Vollspektrum-Leuchtstofflampen

- Imitieren am besten das Spektrum von natürlichem Licht
- Lebensdauer von 24.000 Stunden
- Gut geeignet für die ganzjährige Aufzucht
- Beim Einkauf T8- oder T5-Röhren wählen

Vollspektrum-Leuchtstofflampen werden meist mit schmäleren Röhren der Type T8 bestückt, wie hier in der Abbildung.

Leuchtstoffröhren

- Bieten bei gleichem Energieverbrauch zwei- bis dreimal mehr Licht als Glühbirnen
- Preiswerteste Variante
- Leichte Verfügbarkeit, etwa bei der Aufzucht auf der Küchenarbeitsfläche oder in höhenverstellbaren Hängeleisten
- Lebensdauer zwischen 16.000 und 20.000 Stunden
- Der am häufigsten verkaufte Typ ist die T12-Leuchtstoffröhre

Leuchtstoffröhren sind effizient. Vor allem Vollspektrum-Modelle sind darauf ausgelegt, natürliches Licht, so gut es geht, nachzuahmen. Eine standardisierte T12-Röhre, wie hier abgebildet, ist der am weitesten verbreitete Typ, allerdings wird sie bereits schrittweise durch effizientere Röhren mit geringerem Durchmesser ersetzt. T12-Röhren funktionieren mit einem magnetischen Vorschaltgerät, die neueren Modelle mit einem elektronischen.

Hochdruckentladungslampen (HID-Lampen)

- Teurer als Leuchtstoffröhren, bieten jedoch die zweifache Lichtausbeute
- Auch in den Farbspektren Rot/ Orange (MH-Lampen) und Blau/ Grün (HPS-Lampen) erhältlich, um die Wachstumsbedingungen zu optimieren
- Farbiges Licht verändert das Erscheinungsbild von Pflanzen und Stellplatz; ein kleiner Nebeneffekt, der jedoch so manchen Gärtner von der Verwendung von HID-Lampen abschreckt

Leuchtdioden (LEDs)

- Teurer als Leuchtstoffröhren
- Einige Modelle benötigen keine separaten Halterungen, da sie bereits in Paneelen eingebaut sind, die nur noch an den Stromkreis angeschlossen werden müssen
- Bevorzugt für die kommerzielle Pflanzenzucht geeignet

Die neueste Beleuchtungsstrategie beruht auf Plasma-Technik. Sie erhebt den Anspruch, das Sonnenlicht am naturgetreusten nachbilden zu können. Bis zum jetzigen Zeitpunkt habe ich jedoch noch keine dieser Anlagen unter 1.500 Euro gesehen, weshalb ich meine Pflanzen, genauso wie bisher, einfach näher ans

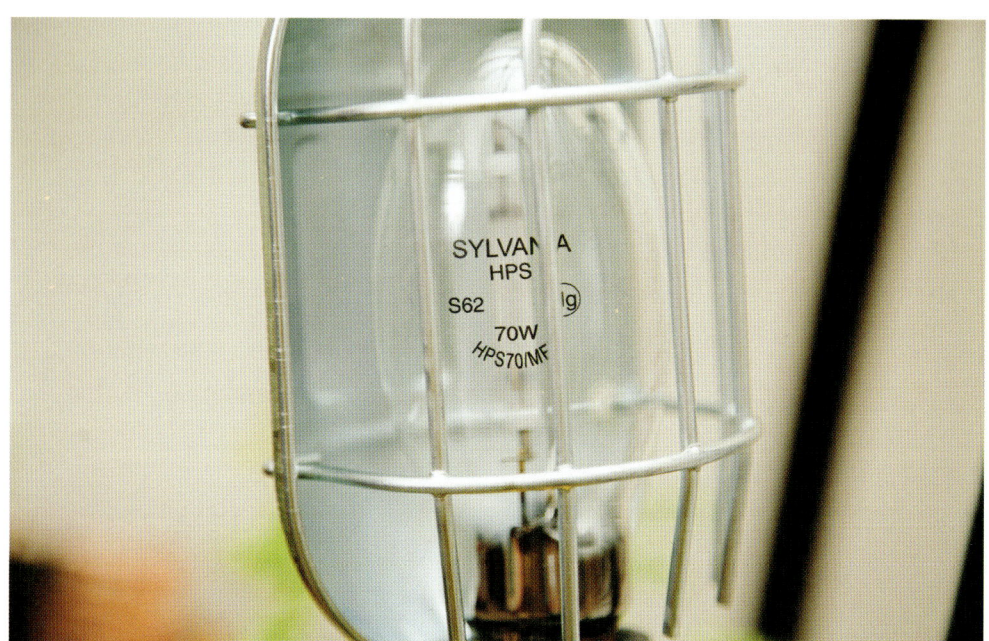

HID-Lampen passen in herkömmliche Gewinde, wie jenes dieser Arbeitsleuchte. Sie sind mit einem Edelgas gefüllt und funktionieren daher besonders effizient.

Fenster rücken werde, wenn sie Hunger auf Sonnenlicht verspüren. Ich bevorzuge Vollspektrum-Leuchtstoffröhren, weil sie leistbar und überall zu haben sind. Wenn Sie lieber ein HID- oder LED-System probieren möchten, steht Ihnen das natürlich frei.

Noch ein wichtiger Hinweis zur Beleuchtung: Genau wie Menschen benötigen auch Pflanzen einen abwechselnden Tages- und Nachtrhythmus. Einige Hobbygärtner versuchen das Pflanzenwachstum zu beschleunigen, indem sie das Licht rund um die Uhr eingeschaltet lassen. Meine Erfahrungen haben jedoch gezeigt, dass Pflanzen unnötigem Stress ausgesetzt sind, wenn man ihnen die Zeit zum Schlafen raubt. Sie würden Ihre Kräuter doch auch nicht mit einem

Zeit zum Abschalten

Gartenkunde für Streber: Pflanzen messen die Dauer von Tag und Nacht mithilfe eines Pigments namens Phytochrom. Abhängig von der Tageslänge reagieren sie mit einem Verhaltensmuster, das Photoperiodismus genannt wird. Dieses Verhaltensmuster ist essentiell für Wachstum, Keimung und Blütenbildung. Ganz egal für welche Art der Beleuchtung Sie sich entscheiden, stellen Sie sicher, dass Ihre Pflanzen die Nacht als Regenerationsphase nutzen können.

Energy Drink gießen, um sie krampfhaft wachzuhalten, oder? Eine weitaus bessere Strategie ist es, die Gewächslampen morgens zu aktivieren und bei Sonnenuntergang abzudrehen, im Winter etwas später.

LED-Lampen sind besonders energieeffizient und die Bandbreite an unterschiedlichen Formgrößen und Konfigurierungen wächst stetig. Die besten Ergebnisse lassen sich mit LED-Modellen erzielen, die speziell für die Pflanzenaufzucht entwickelt wurden und das volle Spektrum an Lichtwellenlängen ausstrahlen.

Für die Gemüsepflanzen in unserem Keller habe
ich zwei Ventilatorkästen in unterschiedlichen
Winkeln ausgerichtet, sodass sich die Luftströme
kreuzen.

Ventilatoren/Belüftung

Wenn Getreideähren und Sonnenblumen
von einer sanften Brise gestreift werden,
ist dies nicht nur für den Fotografen
besonders reizvoll, sondern auch für die
Pflanzen am Feld von großem Nutzen.
Der Wind reguliert den Wärme- und
Feuchtigkeitshaushalt, fördert die Sauer-
stoffzufuhr und stärkt die Immunabwehr
der Pflanzen. Aufgrund der stetigen Be-
anspruchung durch den Luftsog werden
sie kräftiger und daher auch widerstandsfähiger gegen Krankheiten.

Wer Pflanzen im Haus oder in der
Wohnung kultivieren möchte, muss einen
Weg finden, die Bedingungen im Freien
nachzustellen. So wie Sie mit künstlichem Licht Tageslicht imitieren, müssen

Sie auch die Luftzufuhr selbst steuern.
Zum Glück ist hierfür nicht viel Einsatz
erforderlich.

Wenn Sie Ihre Pflanzen in Fensternähe positioniert haben, genügt es, das
Fenster für einige Stunden am Tag geöffnet zu halten. Vorausgesetzt natürlich,
es ist draußen nicht gerade extrem heiß
oder bitterkalt.

In fensterlosen Räumen für ausreichend Luftzufuhr zu sorgen, ist schon
etwas schwieriger, doch gewiss nicht
unmöglich. Für die Gemüsepflanzen in
unserem Keller beispielsweise habe ich
zwei Ventilatorkästen in unterschiedlichen Winkeln aufgestellt, sodass sich
die Luftströme kreuzen. Eine niedrige
Belüftungsgeschwindigkeit genügt, um
die Sämlinge sanft hin- und herzuwiegen.
Achten Sie darauf, dass die Luft zirkuliert,
ohne dabei die Pflanzen nach unten zu
drücken. Ein zu starker Luftstrom aus
einer Richtung schadet mehr, als er nützt!

An einem anderen Stellplatz in
meiner Wohnung befinden sich Fenster
auf zwei Seiten des Raumes, doch die
Pflanzen sind zu weit davon entfernt, um
von der Zugluft profitieren zu können.
Also habe ich auf jede Fensterbank
einen Ventilator gestellt – der eine bläst
Luft in den Raum, der andere ist nach
außen gerichtet. Auf diese Weise wird
kontinuierlich Frischluft nach innen ge-
blasen und verbrauchte Luft nach außen
befördert. Der zirkulierende Luftstrom
entsteht mithilfe eines schwenkbaren
Tischventilators, den ich über den Pflanzen angebracht habe.

Ein Tischventilator mit automatischer Schwenkfunktion, wie dieser in Retro-Optik, trägt mit einer sanften Brise dazu bei, dass Pfefferoni, Grünkohl und Co gut gedeihen.

Hier ein Tipp für all jene, die bereits die eine oder andere Pflanze in ihrem Küchengarten stehen haben: Wenn sich erste Anzeichen von Pilzerkrankungen, Schimmel oder anderen Krankheiten bemerkbar machen und Sie Staunässe als Grund dafür ausgeschlossen haben, besorgen Sie sich ein paar günstige Ventilatoren mit automatischer Schwenkfunktion zum Belüften des Standortes. Lassen Sie die Belüftung tagsüber aktiv, in etwa gleich lange, wie Ihre Pflanzen Licht haben. Bei sehr stickiger Luft – im Keller oder Dachgeschoss kann das häufig der Fall sein – dürfen die Ventilatoren auch rund um die Uhr blasen.

Zweck der Ventilation ist es, die leichten Windbewegungen, die im Freien von Natur aus gegeben sind, nachzuahmen, um die Pflanzen in Ihrem Küchengarten widerstandsfähig zu machen und dem Auftreten von Krankheiten entgegenzuwirken.

Eine repräsentative Auswahl an Saatgut für den Küchengarten enthält Samen zum Ziehen von Sprossen, Keimpflanzen, Kräutern, Obst- und Gemüsepflanzen.

Saatgut

Die Saatgutkataloge erscheinen jeden Winter ungefähr alle zur gleichen Zeit und liefern mir Unmengen an Lesestoff, den ich mit einem breiten Lächeln im Gesicht Seite für Seite durchblättere. Ich brüte über jeder Saatgutbeschreibung, betrachte sehnsüchtig die wiederentdeckten Sorten und bereite mein (meist zu ambitioniertes) Programm für den Sommer vor. In den Monaten, in denen Wind und Schneepflüge auf Dauersendung sind, eröffnen Saatgutkataloge einen verheißungsvollen Blick in eine Welt von Reichtum und Vielfalt.

Saatgutkataloge sind für das Gärtnern im Innenbereich ein hilfreicher Leitfaden. Neben den eindrucksvollen Beschreibungen stößt man – sowohl in den gedruckten Exemplaren als auch in Onlinekatalogen – auf viele wichtige

Wichtiger Hinweis zum Einkauf von Saatgut

Bei der Auswahl der Samen sollten Sie die folgenden Kenngrößen in Erfahrung bringen:

- *Lichtbedarf:* Sie sollten wissen, wie viel Licht die Pflanze für ein gesundes Wachstum benötigt. Rote Bete (Rote Rüben) zum Beispiel bevorzugt einen Standplatz im prallen Sonnenlicht, während Mangold auch mit gelegentlichen Schattenzeiten bestens gedeiht.
- *Pflanztiefe:* Diese ist vor allem bei der Aussaat im Freien von Bedeutung, kann aber auch bei der Zimmerkultur den entscheidenden Hinweis darauf liefern, wie tief man die Samen in den Topf drücken muss, damit sie keimen.
- *Pflanzabstand:* Auch dieser Wert ist wohl eher im Gemüsebeet und auf dem Feld relevant, es sei denn, Sie möchten in Ihrem Küchengarten unterschiedliche Sorten in einem Trog anpflanzen (etwa verschiedene Salate oder Kräuter). Dann ist es gut zu wissen, wie viel Platz jede einzelne Pflanze braucht, um sich entfalten zu können.
- *Reifezeit:* In etwa abschätzen zu können, wann die Pflanze erntereif ist, ist ein wichtiger Teil meiner Anbaustrategie. Auch bei regenerativen Pflanzensorten wie Kräutern weiß ich gern Bescheid darüber, wie lange es von der Aussaat bis zur Ernte dauern wird.
- *Boden und Dünger:* Viele Saatgutproduzenten geben einen Richtwert für den empfohlenen Säuregehalt im Boden an. Wissenschaftlich interessierte Hobbygärtner wissen damit bestimmt einiges anzufangen, doch eine Überprüfung dieses Wertes muss nicht Teil einer erfolgreichen Anbaustrategie sein. Weitaus wichtiger ist es zu wissen, welche Art von Pflanzenerde für Ihre Zwecke am besten geeignet ist – für den Anbau in Töpfen empfiehlt sich ein lockeres, trockenes Substrat – und ob Düngemaßnahmen erforderlich sind. Das Thema Düngen wird später noch für jede Nutzpflanze gesondert besprochen, da der Nährstoffbedarf je nach Sorte sehr unterschiedlich sein kann.
- *Pflanzenpflege:* Einige Saatgutanbieter geben erstklassige Tipps zu Schädlingen, Krankheiten, Ernte und Lagerung. Beim Durchlesen der Saatgutkataloge fühlt man sich gelegentlich wie in einem Hochschulkurs in Agrarwirtschaft und lernt viele wissenswerte Dinge kennen, wie zum Beispiel die Blumenwanze (sie ist bei Weitem nicht so lieblich, wie ihr Name vermuten lässt).
- *Für die Topfpflanzung geeignet:* Da immer mehr Menschen Gefallen daran finden, Essbares in den eigenen vier Wänden anzubauen und auch das Topfgärtnern im Freien immer beliebter wird, haben viele Saatgutanbieter nützliche Anleitungen zu diesen beiden Trends auf ihre Internetseiten gestellt. Auf www.beet-box.at beispielsweise findet man eine reichhaltige Auswahl an Pflanzensorten, die für den Küchengarten geeignet sind, sowie bereits vorsortierte Saatgut-Boxen mit jeweils fünf Sorten, die auf kleinen Standflächen angebaut werden können.

Informationen, die man zur Verbesserung der eigenen Küchengartenstrategie nutzen kann.

Eine kurze Anmerkung zu Bio-Saatgut: Da unsere Landwirtschaft als Bio-Betrieb ausgewiesen ist, sind wir dazu verpflichtet, biologisches Saatgut zu verwenden. Doch selbst wenn wir das nicht müssten, würde ich keine anderen Samen auf *Bossy Acres* anpflanzen, und zwar schlichtweg aus der Überzeugung, dass biologischer Anbau der Nachhaltigkeit, Bodengesundheit und besseren Nutzung landwirtschaftlicher Strukturen dient. Dadurch sind meiner Ansicht nach die höheren Kosten beim Einkauf der Samen gerechtfertigt. Sollten Sie sich für günstige, herkömmliche Pflanzensamen entscheiden, ist das selbstverständlich in Ordnung.

Der einzige Rat, den Sie beherzigen sollten, ist dieser: Beziehen Sie Ihr Saatgut von zugelassenen Händlern, die Ihnen alle wissenswerten Informationen zu Anzucht und Pflege mit auf den Weg geben kön-

nen. Nicht nur einmal haben mir Freunde in guter Absicht Samen in kleinen Plastiktüten aus Gott-weiß-woher mitgebracht und mich wissen lassen: „Diese Pfefferoni hier sind klasse. Sie sind wirklich gut, denke ich. Vielleicht waren es aber auch Paprika." So etwa muss man sich die Art von Beschreibung vorstellen, die ich erhalte. Sie kennen weder die Sorte noch können sie Angaben zu Reifezeit, Wurzeltiefe oder anderen Saatguteigenschaften machen, die mir bei der Vorbereitung der Aufzucht helfen würden. Ich nehme die Samen also an mich und verpflanze sie im Wundertüten-Experimentierbeet hinter meinem Haus; einem Bereich unseres Gartens, der nicht sonderlich viel Zuwendung erhält. Gelegentlich wächst etwas daraus, meistens jedoch nicht.

Sie sollten sich bei der Saatgutwahl zudem Gedanken darüber machen, ob Sie nicht vielleicht alte Kultursorten anbauen möchten. Auch wenn sie angeblich weniger konstant im Ertrag sind, habe ich eine

Fast alle Samen, die Sie anpflanzen werden, sind sowohl in Bio- als auch in herkömmlicher Qualität erhältlich. Das herkömmliche Produkt erfüllt seinen Zweck, ist billiger und leichter verfügbar, während Sie mit dem Kauf der teuren Biosämerei naturgerechte Anbaumethoden unterstützen.

große Freude damit, denn sie geben mir das Gefühl, Traditionen weiterleben zu lassen und die Sortenvielfalt zu bewahren. Alte Kultursorten aus früheren Saatgut-Generationen werden in der kommerziellen Landwirtschaft nicht mehr angebaut. Bei den Kartoffeln etwa gibt es nur wenige Sorten, die auf großen Plantagen wachsen, was es für mich umso reizvoller macht, Knollen zu wählen, die womöglich schon bald verschwunden wären, würden sie nicht von engagierten Züchtern am Leben erhalten werden.

Bedenken Sie, dass auch die Samen alter Kultursorten sowohl in herkömmlicher als auch in Bio-Qualität erhältlich sind. Suchen Sie nach einem Anbieter Ihres Vertrauens und werfen Sie einen Blick auf das Anbieterverzeichnis am Ende dieses Buches. Pflanzensamen sind heutzutage an jeder Ecke erhältlich; einmal habe ich sogar in der Tankstelle eines kleinen Ortes einen Verkaufsständer mit Sämereien entdeckt.

Woher auch immer Sie Ihr Saatgut beziehen, achten Sie darauf, es gut verschlossen in einer Plastikbox mit fixierbarem Deckel aufzubewahren, um ein unangenehmes Aufeinandertreffen mit Schädlingen aller Art zu vermeiden und die Lebensdauer der Samen zu verlängern. Dennoch sollten Sie die Samen innerhalb eines Jahres aufbrauchen, da ihr Potenzial zu keimen geringer wird, je älter sie werden. Wenn ich auf Samen stoße, die bereits zu lange herumgelegen haben, bekommen sie von mir noch die Chance, sich als Keimpflanzen zu bewähren und bis ins erste Wachstumsstadium heranzureifen. Wenn ich ausgereiftes Gemüse ernten möchte, verwende ich stets frische Samen.

Ein Aktenkasten aus Kunststoff eignet sich hervorragend zur Aufbewahrung von Sämereien. Stellen Sie den Kasten an einen kühlen, trockenen Ort ohne direkte Sonneneinstrahlung.

Noch ein nützlicher Tipp: Verwenden Sie das Saatgut-Päckchen als Erinnerungszettel und vermerken Sie darauf das Kaufdatum und alle relevanten Beobachtungen, die die jeweilige Pflanze betreffen. Wenn eine Sorte schnell gewachsen ist oder ein Gemüse besonders gut zum Einmachen geeignet war, schreibe ich einen entsprechenden Vermerk auf das Päckchen. Mein schlaues Notizbuch kommt leider viel zu oft abhanden, auch wenn ich ihm neben dem Gartenwerkzeug einen schönen Standplatz eingerichtet habe. Die leeren Saatgut-Päckchen aber liegen zusammen mit den vollen Sämereien in einer Aufbewahrungsbox, und wo dies steht, weiß ich. So habe ich die Informationen des Herstellers und meine eigenen handgeschriebenen Notizen stets beisammen und in Reichweite.

Setzlinge

Zu sehen, wie ein Same keimt und seinen ersten zarten Spross ausbildet, ist immer wieder ein Erlebnis. Bei manchen Vorhaben sind Sie jedoch besser beraten, wenn Sie auf Setzlinge zurückgreifen. Vor allem dann, wenn Sie bislang keine großen Erfolge mit der Samenaufzucht hatten oder Sie Ihr Küchengarten-Projekt schneller ins Rollen bringen möchten, sind Setzlinge aus vertrauenswürdiger Herkunft eine tolle Starthilfe.

Es ergibt Sinn, Gemüse- und Kräutersorten, die bereits in Ihrem Vorgarten wachsen, in den Küchengarten zu integrieren. Sie müssen keine Samen kaufen, wenn Sie mit einem abgeschnittenen Rosmarinzweig eine neue Pflanze züchten können.

Achten Sie darauf, beim Umpflanzen von Setzlingen oder Jungpflanzen Rückstände von Gartenerde an den Wurzeln so penibel wie möglich zu entfernen, ohne die Pflanze dabei zu verletzen. Selbst wenn diese Erde in den Monaten zuvor eine hervorragende Wachstumsgrundlage war, besteht die Gefahr, dass sich Insekten oder Pilze darin eingenistet haben, die anderen Pflanzen in Ihrem Küchengarten schaden könnten. Zudem kann Gartenerde das Wasser nicht so gut ableiten, wenn man sie in Trögen und Anzuchttassen verwendet, weshalb Sie ausschließlich auf Anzuchterde zurückgreifen sollten.

Weiters zu berücksichtigen ist der Temperaturunterschied zwischen Ausgangs- und Zielort. Die Überstellung vom Freien ins Haus (oder in umgekehrter Richtung) muss schrittweise vonstattengehen, damit die Pflanze Zeit hat, sich zu akklimatisieren. Beginnen Sie mit dem Umtopfen möglichst noch im Freien oder in der Garage, gießen Sie die Pflanze ausreichend ein und parken Sie sie dann für einige Tage an einem wettergeschützten Ort, an dem es bereits etwas wärmer ist, wie zum Beispiel in der Garage, auf der Veranda oder im Wintergarten. Falls vorhanden, legen Sie einen weiteren „Zwischenstopp" auf dem Weg ins Haus ein.

Müsste ich Kräuter aus meinem Garten umtopfen, würde ich sie zuerst in die Garage stellen, nahe an die offenen Fenster, die für Tageslicht und ausreichend Luftzufuhr sorgen. Von dort ginge es weiter in den Wintergarten, neben eines der gekippten Fenster dort, bis die Kräuter schließlich nach sieben bis zehn Tagen ihren neuen Stellplatz erreicht hätten. Dort würde ich sie die nächste Zeit über ausreichend gießen, um ihnen die Anpassung an die wärmere Umgebung zu erleichtern. Pflanzen reagieren sensibel auf plötzliche Veränderungen, wie viele Menschen auch. Es auf die sanfte Art mit ihnen aufzunehmen, ist mit Sicherheit kein Fehler.

Stecklinge aus dem Gartencenter oder vom Gärtner dürfen direkt mit ins Haus genommen werden. Die Pflänzchen haben den weniger gemütlichen Gartenboden bereits vor einiger Zeit verlassen und sind bereit für die Aufzucht im Innenbereich.

Zum Einpflanzen eines neuen Setzlings aus der Gärtnerei stellen Sie den Wurzelstock senkrecht in ein Gefäß und füllen Sie den Spalt mit Anzuchterde auf. Wenn Sie eine Jungpflanze aus Ihrem Garten umsetzen wollen, befreien Sie die Wurzeln, so gut es geht, von Erdrückständen aus dem Boden, um möglichst keine Krankheitserreger in Ihren Küchengarten einzuschleppen.

Vergewissern Sie sich, dass die Töpfe, die für Ihre Stecklinge bestimmt sind, frei von Krankheitserregern sind. Bei neuen Gefäßen besteht kein Grund zur Sorge und auch gebrauchte dürfen (und sollen) natürlich wiederverwendet werden, solange keine erkrankte Pflanze darin gestanden hat. Wenn Sie eine Pflanze entsorgen, weil sie beispielsweise nie Blüten bildet oder sehr krankheitsanfällig ist, werfen Sie den Behälter am besten gleich mit weg, da sich die Krankheitserreger darin hartnäckig halten können. Gehen Sie also lieber auf Nummer sicher und sparen Sie nicht am falschen Fleck.

Gartenutensilien

Selbst wenn Sie darauf bedacht sind, Ihre Ausgaben in Grenzen zu halten, wird es immer wieder etwas geben, das Sie noch schnell im Gartencenter besorgen müssen: Vielleicht einen Sack Kokosfasern, die Sie unter die Anzuchterde mischen wollen, damit sie den Wasserabzug verbessern, oder ein paar dieser bezaubernd praktischen Bewässerungskugeln aus Glas, die die Erde über mehrere Tage hinweg feucht halten. Um meinen Haushaltsetat nicht zu überschreiten, werden spontane Abstecher ins Gartencenter, so gut es geht, vermieden, weil ich mich dort wie Charlie in der Schokoladenfabrik fühle.

Ein paar Utensilien sind dennoch nötig, um die Stellflächen Ihrer kleinen Hauptdarsteller zweckgemäß auszustatten. Hier meine Vorschläge:

- *Automatische Lichtzeitschaltuhren:* Sie helfen dabei, die Beleuchtungszeiten einzuhalten, ohne dass man selbst den An- und Ausschaltknopf der Gewächslampen betätigen muss. Ich aktiviere sie, wenn ich übers Wochenende fortfahre oder weiß, dass ich in nächster Zeit sehr beschäftigt sein werde und mich weniger um meinen Küchengarten kümmern kann.
- *Wärmematten:* Oft auch als Anzuchtmatten bezeichnet, werden sie unter die Pflanzen gelegt, um die Wurzeln warm zu halten. Eingesetzt werden sie an kühleren Standorten, wie in Kellerräumen, oder in Winkeln, in denen es zu stark zieht. Sie sind meist rechteckig und haben keinen Temperaturregler; man braucht sie nur auszurollen, anzustecken und die Tassen und Töpfe draufzustellen. Die geringe Wärme schadet den Pflanzen nicht (anders als etwa ein Heizkis-

Zeitschaltuhren werden an der Steckdose zwischengeschaltet und darauf programmiert, das Licht ein- und auszuschalten.

Wärmematten werden unter die Anzuchttassen gelegt, damit sie die Wurzeln warm halten und an kälteren Tagen die Keimung vorantreiben.

sen), sondern erzielt gerade während der Wintermonate einen sichtlich positiven Effekt. Auch wenn die Keimung unnatürlich lange auf sich warten lässt, können Wärmematten den nötigen Anstoß liefern. Einziger Nachteil: Sie sind nicht billig. Daher fackeln Sie nicht lange, wenn Sie eine im Abverkauf entdecken!

- *Zerstäuberflaschen aus Kunststoff:* Sie sind praktisch in der Handhabung, und vielseitig einsetzbar, etwa um Tomaten mit Fischdüngerlösung zu spritzen oder um Blattläuse mit Seifenlauge zu besprühen. Zu bestimmten Zeiten im Jahr ist das Mikroklima in meinem Küchengarten trockener als sonst. Dann bestäube ich die Pflanzen mindestens einmal am Tag von oben bis unten mit Wasser.
- *Kleine Kunststoffdosen und -tüten:* Diese sind in namhaften Einrichtungshäusern und Großmärkten für wenig Geld zu haben. Wann immer ich ein Angebot entdecke und Türme davon zur Kassa karre, erwecke ich wohl den Anschein eines regelrechten Ordnungsfanatikers. Vorratsdosen in Schuhschachtel-Größe haben es mir besonders angetan, weil man einfach alles darin verstauen kann: Scheren, Zwirn, wischfeste Marker, Stifte, Zeitschaltuhren, Gummibän-

der etc. Auch zum Sortieren und Aufbewahren von Sämereien sind sie gut zu gebrauchen. Ich sortiere meine Samen für gewöhnlich je nach Einsatzbereich in unterschiedlichen Dosen (ein Behälter ist für Sprossen, ein anderer für Keimpflanzen und so weiter). Ich wünschte, der übrige Teil unseres Hauses wäre genauso ordentlich wie mein Küchengarten.

Zerstäuber gibt es in den unterschiedlichsten Modellen, von preiswert bis fachlich ausgereift. In ein qualitativ hochwertiges Gerät zu investieren lohnt sich.

HÄUFIGE PROBLEME

Bevor ich detailliert auf die Anzucht einzelner Gemüse, Kräuter und Früchte eingehen werde, möchte ich Sie mit einigen unangenehmen Störfaktoren vertraut machen, die für alle essbaren Pflanzen gleichermaßen ein Risiko darstellen. Es ist wichtig, darüber Bescheid zu wissen, ehe man den ersten Samen pflanzt.

Schimmel

Die Gemüse, Kräuter, Früchte und dekorativen Pflanzen in Ihrer Wohnung sind aus vielerlei Gründen anfälliger für Schimmel als die Kulturpflanzen im Garten oder auf dem Feld. Durch häufigeres Gießen können Schimmelsporen entstehen, die sich besonders gern in den kleinen Ritzen hölzerner Pflanztröge festsetzen. Feuchte, stickige Luft und schlechter Boden können ebenfalls zur Schimmelbildung beitragen.

Schimmel ist leicht zu entdecken. Wie bei einem Stück altem Brot beginnt ein grau-gelber Flaum zu wachsen – zuerst nur an einer Stelle, doch schon nach kurzer Zeit hat er sich überall hin ausgebreitet. Es passiert zum Glück nur selten, dass Schimmel von der Erde auf die Pflanze übertritt, doch wenn man den Boden nicht zeitnah behandelt, ist auch das möglich. Am häufigsten sieht man be-

Im Innenbereich sind Pflanzen weit weniger Störfaktoren ausgesetzt als im Freien. Dennoch sind Komplikationen wie Schimmelbefall oder Erkrankung nicht ausgeschlossen. Die wirkungsvollste Behandlung besteht in der Regel aus der richtigen Dosis Wasser und/oder Licht.

sagten Flaum auf der obersten Erdschicht und entlang der Seiten des Pflanzgefäßes.

Um Schimmel vorzubeugen, wässern Sie Ihre Pflanzen nur bei Bedarf und nicht als tägliches Ritual. Es kann durchaus vorkommen, dass Pflanzen kurzzeitig weniger Wasser benötigen, etwa wenn die Umgebungstemperatur gesunken ist. Mit einem regelmäßigen Bewässerungsplan laufen Sie Gefahr, die Pflanzen zu feucht zu halten und dem Schimmel die idealen Startvoraussetzungen zu bieten. Auch eine unzureichende Drainage kann zum Problem werden. Wenn das Wasser nicht abfließen kann, müssen die Pflanzen in nasser Erde ausharren; Schimmel, Insektenbefall und andere Krankheiten sind mögliche Folgen.

Ein Stellplatz mit mehr direktem Sonnenlicht und besserer Belüftung, vorzugsweise am offenen Fenster, kann eine rasche Verbesserung bewirken. Zu chemischen Spritzmitteln würde ich nur als allerletzte Maßnahme greifen, da die Giftstoffe – wenn auch nur wenige Tröpfchen davon – in die unmittelbare Atemluft gelangen. Eine wirkungsvolle Alternative dazu ist Knoblauch: Eine Knoblauchzehe zerstampfen, in eine Tasse Wasser geben und etwa 15 Minuten ziehen lassen; das Gemisch anschließend in einen Zerstäuber füllen, gut schütteln und die befallenen Pflanzen damit besprühen. In Kombination mit einem Standplatz in der Sonne führt diese Maßnahme meist zum gewünschten Erfolg.

Auch ätherische Öle aus Rosmarin-, Zimt- und Teebaumextrakten sind als natürliche Abwehrstoffe gegen Schimmel wirksam. Einfach ein paar Tropfen davon in einer Tasse Wasser verrühren und mit dem Zerstäuber auf die gewünschten

Ein homöopathisches Mittel zur Bekämpfung von Schimmel auf Zimmerpflanzen ist Knoblauchwasser: Eine zerdrückte Knoblauchzehe in einer Tasse Wasser verrühren und etwa 15 Minuten ziehen lassen. Anschließend in einen Zerstäuber füllen und die Pflanze leicht damit besprühen.

Bereiche auftragen – bei hartnäckigem Schimmelbefall einmal pro Woche.

Für welche Maßnahme Sie sich auch entscheiden, Sie sollten die befallene Pflanze ehestmöglich vom Rest Ihres Küchengartens isolieren, damit der Schimmel keine weiteren Angriffsflächen findet.

Wenn sich das Problem nicht in den Griff bekommen lässt, wäre es ratsam, den Stellplatz komplett zu überholen und die Pflanzenerde sowie Töpfe und Tröge auszutauschen. Ein Neustart mag sehr aufwendig sein, auch aus finanzieller Sicht, doch bei immer wiederkehrendem Schimmelbefall ist er oftmals die einzige Lösung mit Langzeitwirkung.

Schädlingsbekämpfung

Als Biobäuerin bin ich daran gewöhnt, auf unseren Feldern einer Horde von Schädlingen zu begegnen – von den Erdflöhen, die sich an meinem Kohl satt essen, bis zu den Kartoffelkäfern, die eine ganze Gemüsepflanze in weniger als einem Tag bis auf den Stängel abnagen. Die Schädlinge, die Jahr für Jahr einen

Teil unserer Nutzpflanzen zerstören, sind ziemlich heimtückische Biester, ähnlich wie die „bösen Mädchen" auf dem sonst so friedlichen Pausenhof an meiner einstigen Schule.

Auch in meinem Küchengarten treiben sie ihr Unwesen, doch zumindest kann ich hier etwas gegen sie bewirken, da die Angriffsfläche überschaubar ist. Zu den üblichen Verdächtigen im Küchengarten zählen: Blattläuse, Mottenschildläuse, Milben und Wollläuse – allesamt ungeheuer aufreibend.

Es gibt viele Möglichkeiten der Schädlingsbekämpfung, wobei es am sinnvollsten ist, sich vorab mit den ungiftigen Methoden vertraut zu machen. Meine Begründung hat in diesem Fall auch gar nichts mit ideologischen Prinzipien zu tun, denn konventionelle Spritzmittel, die für den Einsatz im Freien bestimmt sind (und das für gewöhnlich mit Atemschutz), können bei einer Anwendung im Innenbereich verheerende Folgen haben, da die Frischluftzufuhr dort drastisch reduziert ist.

Wie schon bei der Auswahl der geeigneten Pflanztröge sollten Sie auch beim Pflanzenschutz daran denken, dass alles, was mit der Pflanze in Berührung kommt,

Krankheiten vorbeugen

Die hier gelisteten Maßnahmen zum Schutz vor Schädlingen eignen sich für alle Gemüse-, Kräuter- und Obstpflanzen:

- Verbessern Sie die Luftzirkulation mithilfe eines Ventilators, den Sie nahe den Pflanzen aufstellen, oder öffnen Sie mehrere Fenster, um für einen Luftstrom aus verschiedenen Richtungen zu sorgen.
- Isolieren Sie die befallene Pflanze für den Zeitraum der Behandlung. Schädlinge haben zu Beginn meist nur eine Pflanzensorte im Visier, nehmen letztlich aber alles, was in ihrer unmittelbaren Umgebung zu finden ist, inklusive dekorativer Zimmerpflanzen.
- Benetzen Sie einen Wattebausch mit Ethanol (Wundbenzin, Händedesinfektionsmittel) und streichen Sie damit über die Blätter der Pflanze. Dies ist eine wirksame Maßnahme bei oberflächlichem Befall mit nur wenigen Insekten.
- Verrühren Sie eine milde Flüssigseife (z. B. „Dr. Bronner's") mit Wasser und sprühen Sie die Lösung auf die Pflanzen.
- Stellen Sie die Pflanzen bei Schönwetter ins Freie. Wenn Sie es mit Blattläusen zu tun haben, wartet in Ihrem Garten vielleicht schon eine Schar hungriger Marienkäfer darauf, das Problem für Sie zu lösen.

- Nützliche Insekten wie Marienkäfer und Florfliegen können gekauft und am Stellplatz der Pflanzen ausgesetzt werden, ohne dabei selbst zur Plage zu werden. Diese Maßnahme ist allerdings nur bei großen Anbauflächen mit starkem Schädlingsbefall wirklich sinnvoll. Wenn Sie eine Standardbestellung Marienkäferlarven aufgeben, um ein paar Tomatenpflanzen an Ihrem Küchenfenster von Blattläusen zu befreien, wäre das etwas übertrieben.

Um Insekten davon abzuhalten, an den Pflanzenblättern zu knabbern, mischen Sie eine kleine Menge milder Flüssigseife mit warmem Wasser und sprühen Sie die Lösung mit einem Zerstäuber auf die Pflanze. Die Blätter schmecken nun bei Weitem nicht mehr so gut wie vorher und für die Pflanze ist die Seife harmlos (bevor Sie sie selbst essen, sollte das Waschen nicht vergessen werden).

Sicherheitshinweis

Schädlingsbekämpfungsmittel, die für
den Einsatz im Freien bestimmt sind,
niemals im Haus verwenden.

letztlich durch Ihren Mund wandern wird (oder durch den Ihrer Haustiere und Verkoster). Ich persönlich möchte nicht an chemisch behandelten Karotten knabbern, egal wie verschwindend gering die Chemikalienrückstände auch sein mögen. Wenn Sie eine Pflanze unbedingt retten wollen, obwohl natürliche Abwehrmittel keinerlei Wirkung zeigen, dann bringen Sie sie zum Besprühen zumindest ins Freie, damit sich die Giftstoffe nicht in Ihrer Wohnung absetzen.

Seien Sie vorsichtig mit Pflanzen, die Sie aus Ihrem Gemüsegarten zur weiteren Aufzucht ins Haus holen. Wenn die Blätter glänzend schimmern oder winzige Eier an irgendeiner Stelle der Pflanze aneinanderhaften, wischen Sie sie vorsichtig ab und belassen Sie die Pflanze noch einige Tage zur Beobachtung im Freien.

Auch Mäuse können für reichlich Unmut im Küchengarten sorgen. Sie bahnen sich ihren Weg meist durch älteres Mauerwerk oder dringen über Luftschächte in Bodennähe bis zum Stellplatz der Pflanzen vor. In fast jedem Gewächshaus, in dem ich bislang war, lagen Mausefallen in den Ecken und flogen Vögel durch die offenen Fenster ein und aus, um Samen zu stehlen. Es ist nicht einfach, Quälgeistern dieser Art Herr zu werden, doch Mittel und Wege sind vor-

handen. So soll es beispielsweise hilfreich sein, Pfefferminzöl um die Pflanzentöpfe zu träufeln oder eine Art Metallkoffer namens „Tin Cat" (Blechkatze) aufzustellen, in den die Mäuse hinein-, aber nicht wieder hinauskommen. Für Ultraschallgeräte fand keiner, den ich gefragt habe, lobende Worte (und glauben Sie mir, ich habe in den letzten Jahren viel zu viele Unterhaltungen über Mäuse geführt). Am häufigsten wurde mir geraten, mir einfach eine echte Katze anzuschaffen.

Pflanzenkrankheiten

Genauso entmutigend wie Schimmel und Mäuse sind vertrocknete oder fleckige Blätter, schwarze Stellen am Gemüse und andere Anzeichen einer Erkrankung.

Leider kann auch ein gut ausgestatteter Stellplatz nicht vor Pflanzenkrankheiten schützen, weshalb in vielen Gärtnereibetrieben ständige Alarmbereitschaft herrscht. Auf unserem Hof verwenden wir eigene Stiefel, die nur im Gewächshausbereich getragen werden dürfen. Gartengeräte und Schubkarren, die auf dem Acker im Einsatz waren, waschen wir ab, um keine Krankheiten vom Feld in den Innenbereich zu tragen.

Bei der Zimmerkultur im Haus und in der Wohnung sind freilich andere Maßnahmen erforderlich. Krankheitsherde entstehen, weil Sie womöglich beim Verpflanzen eines Setzlings aus dem Gemüsegarten Erdrückstände an den Wurzeln nicht gründlich genug entfernt haben oder weil Ihre Pflanzenpflege nicht auf die Bedürfnisse der Pflanze abgestimmt ist.

Echter Mehltau ist eine häufig auftretende Infektionskrankheit bei landwirtschaftlichen Nutzpflanzen und kann auch in Ihren Küchengarten Einzug finden. Zu feuchte Wachstumsbedingungen begünstigen seine Entstehung. Als biologische Abwehrmaßnahme empfehlen Züchter, die Pflanze bei ersten Anzeichen einer Mehltauinfektion mit einer Lösung, bestehend aus 1 Teil Milch und 10 Teilen Wasser, zu besprühen.

Häufige Krankheitsursachen

In der Zimmerkultur kommen unterschiedliche Erkrankungsarten zum Tragen, wobei die folgenden allgemeinen Kategorien relevant sind:

Pilze: Pilze können sich an Blättern und Stielen Ihrer Pflanze festsetzen und in das Pflanzengewebe eindringen. Man erkennt sie häufig an schwarzen Flecken, gräulichem Schimmel oder Flaum, Fäule an den Stielansätzen oder weißem, mehlartigem Belag, der Blätter und Stiele bedeckt. Oft wirkt die Pflanze lange Zeit robust und gesund, und fällt dann innerhalb kürzester Zeit welk zu Boden – ein deutliches Anzeichen von Wurzelfäule. Eine andere pilzbedingte Krankheit ist „Rost". Sie äußert sich durch kleine, rostfarbene Pusteln an der Unterseite der Blätter, die nach einiger Zeit gelb werden.

Bakterien: Wenn schädliche Bakterien eine Pflanze angreifen, verliert sie meist rasch an Widerstandskraft, da sie versucht, die Erreger abzuwehren. Die häufigste Erscheinungsform bakterieller Infektion ist die Blattfleckenkrankheit, die auf der Blattoberfläche kreisförmige Stellen abgestorbener Zellen hinterlässt. Ebenfalls charakteristisch sind unförmige Knötchen an den Stielen sowie anormales Wachstum von Wurzeln und Blättern.

Viren: Virale Infektionen deuten meist auf Insektenbefall hin, da Pflanzenviren in erster Linie von Insekten übertragen werden. Diese fressen sich an einer kranken Pflanze satt, springen dann auf eine gesunde über und setzen dort den Virus frei, sobald sie mit ihrer nächsten Mahlzeit beginnen. Viren können aber auch vom Menschen übertragen werden oder in infizierten Samen schlummern. Erkrankte Pflanzen sind oft in irgendeiner Weise unterentwickelt oder sehen deformiert aus. Die Blätter können sich einrollen und einen markanten Gelb- oder Weißstich aufweisen.

Abiotische Ursachen: Diese werden nicht von Organismen wie Bakterien, Pilzen oder Insekten hervorgerufen, sondern sind durch negative Umwelteinflüsse bedingt. Beispiele hierfür sind hohe Düngerückstände im Boden oder eine zu starke Sonneneinstrahlung. Auch Frostschäden sind möglich, wenn die Pflanze bei kaltem Wetter zu nahe am Fenster platziert ist; berühren die Blätter das kalte Fensterglas, verfärben sie sich schwarz.

Pilze, die spezifische Pflanzensorten befallen, treten im Küchengarten eher selten auf. Diese Blätter einer Roten Bete sind mit *Cercospora beticola* infiziert, auch bekannt als „Cercospora-Blattfleckenkrankheit". Sie kann nur mit aggressiven chemischen Pflanzenschutzmitteln behandelt werden, die ausschließlich für den Einsatz im Freien gedacht sind. Wenn Sie einen Pilzbefall in Ihrem Küchengarten entdecken, sollten Sie die Pflanze als ganzes (mit der Erde) entsorgen, ehe weitere Pflanzen infiziert werden.

Vorbeugung und Behandlung

Vielleicht haben auch Sie schon einmal versucht, Ihre Erkältungssymptome mithilfe des Internets zu deuten, und waren danach felsenfest davon überzeugt, an Grippe, Scharlach oder einer Lungenentzündung zu leiden. Ähnlich verängstigend kann die Recherche zu Pflanzenkrankheiten sein. Doch bleiben Sie unbesorgt – es gibt wirkungsvolle Maßnahmen, Krankheiten vorzubeugen und gegebenenfalls zu behandeln:

- *Nicht zu viel wässern:* Feuchtigkeit begünstigt nicht nur die Schimmelbildung, auch Krankheitserreger finden bei überwässerten Pflanzen eine ideale Angriffsfläche.
- *Nicht zu viel düngen:* Wenn Sie Ihre Pflanzen regelmäßig mit Nährstoffen versorgen, achten Sie darauf, sie nicht zu überdüngen. Vor allem der hohe Stickstoffanteil in Düngemitteln kann die Pflanze schwächen und sie anfälliger für Krankheiten machen.
- *Luft zuführen:* Ich weiß, ich habe Sie schon mehrmals darauf aufmerksam gemacht, wie wichtig eine gute Belüftung ist. Also, denken Sie daran: Frischer Wind bringt Leben in den Küchengarten.
- *Abstand einhalten:* Sind die Pflanzen zu eng gesät (Keimpflanzen und Keimlinge ausgenommen), kann das zu Problemen führen. Halten Sie den vom Saatguthersteller empfohlenen Abstand für jede Pflanze ein und beherzigen Sie die sortenspezifischen Hinweise weiter hinten im Buch.
- *Isolieren:* Ist eine Pflanze erkrankt, stellen Sie sie für die Dauer der Behandlung abseits der anderen Pflanzen auf, selbst wenn es sich um unterschiedliche Pflanzenarten handelt. So dämmen Sie den Krankheitsherd ein und müssen sich nur um einen Patienten kümmern.
- *Entsorgen:* Hin und wieder kommt es vor, dass ein Projekt trotz großem Bemühen einfach nicht gelingen will. Wenn Krankheiten der Grund dafür sind, ist es die beste Lösung, die Pflanze zu entsorgen und von Neuem zu beginnen. Den Topf oder Trog sollten Sie dann für andere Zwecke verwenden (als Bleistiftständer oder als Briefablage zum Beispiel), denn selbst eine gründliche Reinigung ist keine Garantie dafür, dass Sie alle Erreger beseitigt haben. Ich bin lieber übervorsichtig, als mich immer wieder mit dem gleichen Problem herumschlagen zu müssen.

MOTIVATION

Es klingt sicherlich ein wenig abgedroschen oder wie die ersten Worte in einem Motivationsseminar, aber eine positive Einstellung wird Sie auf dem Weg zum eigenen Küchengarten mit Sicherheit ein ganz großes Stück weiterbringen. Wenn ich mich mit anderen passionierten Gärtnern unterhalte, merke ich oft, wie unterschiedlich die Herangehensweisen doch sein können. Die einen berichten mit solcher Freude und Begeisterung von ihren Projekten, dass sie sich am Ende sogar noch dafür entschuldigen, ihre Erfahrungen in allen Einzelheiten mit mir geteilt zu haben. Sie reden gern darüber, was sie gerade anbauen, sie spielen und experimentieren und können über Rückschläge lachen, weil sie die Erfolge, wenn sie dann eintreten, so sehr wertzuschätzen wissen.

Andere hingegen sind fast das exakte Gegenteil. Sie bemängeln ihre Pflanzen, sind unsicher, wie oft sie gießen müssen, und gehen manchmal schon im Vorfeld davon aus, dass ihre Bemühungen umsonst sein werden. Meist zögern sie nicht lange, eine kränkelnde Pflanze zu entsorgen und erzählen dann mit seufzender Stimme, wie schwierig es ist, einen geeigneten Ersatz zu finden.

Als ich begonnen habe, Essbares in meiner Wohnung anzubauen, stand ich wohl eher auf der Seite der Schwarzseher als auf der der Optimisten. Doch über die Jahre habe ich gelernt, lockerer zu werden. Küchengärtnern soll schließlich Spaß machen, richtig? Natürlich ist es nicht schön, wenn sich Blattläuse, vergilbte Blätter, ausbleibende Keimung und gelegentlicher Schimmelbefall bemerkbar machen, aber auch diese Herausforderungen sind Teil des großen Abenteuers, auf das Sie bereit sind, sich einzulassen.

Einmal habe ich versucht, Pilze aus geimpften Holzscheiten zu ziehen, nur um an meiner Motivation zu arbeiten. Obwohl es mir gelungen war, die meines Erachtens nach perfekten Bedingungen zu schaffen, blieb der Erfolg aus und ich auf ein paar teuren Stücken Feuerholz sitzen. Doch ich habe meine Notizen studiert und meine Fehlgriffe erkannt und ich bin sicher, irgendwann werde ich es erneut versuchen, oder zumindest einen meiner erfahrenen, pilzkundigen Freunde bitten, mir dabei behilflich zu sein. Ich werde unterdessen nicht davon ablassen, meine kleinen verrückten Projekte auszuprobieren, weil das Ganze tatsächlich Spaß macht.

Eine Kupferschale, ein sonniges Fenster, frische Kräuter, bereit zum Pflücken … ein Küchengarten sorgt für Zuversicht und gute Laune.

TEIL ZWEI

Keimpflanzen, Keimlinge, Kräuter, Weizengras, Sprossen und Pilze

Für Ihren Küchengarten steht Ihnen eine breite Palette an essbaren Pflanzen zur Verfügung. Einige davon werden traditionell in der Freilandkultur angepflanzt, doch der experimentierfreudige Küchengärtner kann auch im Haus eine reiche Ernte damit erzielen – mehr dazu im dritten Teil des Buches. Andere Sorten wiederum sind wie geschaffen für die Zimmerkultur, da sie im Haus bessere Wachstumsbedingungen vorfinden als im Garten. Dazu zählen im Speziellen Keimpflanzen, Erbsen- und Sonnenblumenkeimlinge, Samensprossen und einige Kräuter.

Diese Pflanzen werden bereits sehr jung geerntet und sind daher zarter und verletzlicher als Nutzpflanzen, die im Garten oder auf dem Feld wachsen. Vor allem Sprossen würden unter freiem Himmel (und auch auf einer Terrasse oder Veranda) nur schlecht gedeihen, da Sonnenlicht im frühen Wachstumsstadium das Keimen der Samen erschwert.

Die Projekte in diesem zweiten Teil des Buches sind perfekt geeignet für Anfänger, und die Reifezeit von der Aussaat bis zur Ernte ist erfreulich kurz. Einige Keimpflanzen können sogar schon nach weniger als einer Woche geerntet werden, wenn alle Faktoren stimmen.

Nutzen Sie die folgenden Projekte, um herauszufinden, ob sich der Standort, den Sie gewählt haben, bewähren kann. Schwierigkeiten mit Belüftung und Bewässerung sind wegen der kurzen Wachstumsdauer leichter auszumachen und zu beheben. Zu viel Wasser und abgestandene Luft würden etwa bei Sonnenblumenkeimlingen und Keimpflanzen innerhalb weniger Tage zu Schimmelbildung führen und eine Optimierung des Standortes erforderlich machen.

Finden Sie Freude an der Weiterentwicklung Ihrer gärtnerischen Fähigkeiten – ganz besonders dann, wenn die frisch geernteten Erbsenkeimlinge und Kräuter Ihre Mahlzeiten zum Geschmackserlebnis werden lassen.

KEIMPFLANZEN

Vielleicht fragen Sie sich jetzt, warum Ihnen die Sämereien für Keimpflanzen in der Saatgutabteilung im Gartencenter bislang noch nicht aufgefallen sind. Ich kann Sie beruhigen: Samenpäckchen mit der Aufschrift „Keimpflanzensamen" gibt es nicht, denn Keimpflanzen können Sie aus nahezu jedem beliebigen Samen züchten, der in Ihrer Saatgutbox auf seinen großen Einsatz wartet.

Im Englischen auch als *microgreens* bekannt, stellen sie das erste Entwicklungsstadium einer Pflanze dar und sind deshalb in der Regel nur rund 7–8 cm hoch. Sie bestehen aus den Keimblättern und den ersten beiden „echten" Blättern der Pflanze. Würde man sie wachsen lassen, entstünde aus jedem Samenpflänzchen eine voll entwickelte Gemüsepflanze, die dann wohl zu groß für den Anzuchtbehälter wäre, in den Sie die Samen gestreut haben. Geerntet wird der oberirdische Teil des Pflänzchens samt ausgebildeter

Keim- und Primärblätter, aber auch eine frühe Ernte im Keimblattstadium ist möglich.

Mit Keimpflanzen als Draufgabe werden pikante Gerichte nährstoffreicher und voller im Geschmack. Dieser Hauptgang aus gebratenem Schweinefleisch wurde mit einer Handvoll Senfkraut verfeinert.

Keimpflanzen sehen Sprossengemüse sehr ähnlich und werden in Online-Gartenplattformen nicht selten unter demselben Kapitel zusammengefasst. Keimpflanzen wachsen jedoch in Erde und werden nicht, wie Sprossen, in Wasser angesetzt. Sie gedeihen am besten in Zimmerkultur, wo sich Pflanzabstand und Feuchtigkeit in einer Anzuchtschale leichter regeln lassen als in einem Gemüsebeet im Freien.

Was ihren Bekanntheitsgrad im hauseigenen Garten betrifft, zählen sie in Europa noch zu den exotischen Neulingen. Allerdings entdecken immer mehr Städter, Küchenchefs und Gemüsebauern die Vorteile der kleinen Kraftprotze, sodass sie sich wohl dauerhaft in der Gartenszene werden behaupten können. Ihre entzückende Größe, ihr betörender Geschmack und ihr überragender Nährwert machen Keimpflanzen zur perfekten Ergänzung im Küchengarten.

Mit dem Bestreben, Gemüse auch in den eigenen vier Wänden zu kultivieren, wuchs die Beliebtheit von Keimpflanzen erst innerhalb der letzten Jahre stetig. Gelegentlich findet man sie bereits auf der Speisekarte gehobener Restaurants, dabei ist es noch gar nicht so lange her, dass der Ausdruck *microgreens* zum ersten Mal Verwendung fand. Laut dem US-amerikanischen Autor Mark Mathew Braunstein (er schrieb u. a. die Bücher *Sprout Garden* und *Radical Vegetarism*) existieren Keimpflanzen in ihrer heutigen Definition seit dem Jahr 1998, relativ kurz also im Vergleich zum Radieschen, das bereits im 15. Jahrhundert als Begriff etabliert wurde.

Keimpflanzen haben einen imposanten Senkrechtstart hingelegt. In einer kürzlich erschienenen Studie im *Journal of Agricultural and Food Chemistry* wird ihr großer Erfolg dadurch begründet, dass sie bis zu 40 Mal mehr Nährstoffe beinhalten können als ausgewachsene Pflanzen – pro Gramm gerechnet, versteht sich. Der Nährstoffgehalt variiert zwar je nach Sorte, doch sie haben allesamt einiges zu bieten. So wurden etwa in Keimpflanzen von Rotkohl sehr hohe Mengen an den Vitaminen C, K und E nachgewiesen. Ein paar Blätter davon im Pausenbrot der Kinder verschwinden zu lassen, ist ganz einfach! Eine Tasse mit Keimpflanzen sollte im Küchengarten also keinesfalls fehlen.

Nicht nur zum Garnieren, sondern auch als Salat zubereitet, sind Keimpflanzen eine wahre Gaumenfreude. Verwendet werden hier Keimpflanzen von Radieschen und Sojabohnen.

Belohnung in Aussicht: Die meisten Keimpflanzen sind, wie diese Erbsenkeimlinge, schon wenige Wochen nach der Aussaat bereit zum Verzehr.

Am bemerkenswertesten jedoch ist der Geschmack. Ein einzelnes, schlankes Samenpflänzchen einer Rote Bete, in etwa so lang wie ein halber Finger, kann bereits dem vollen Geschmack einer ausgewachsenen Rübe gerecht werden. Keimpflanzen von Senf und Radieschen sind würziger, als die meisten Menschen vermuten und Keimpflanzen von Karotten tragen den saftig-süßen Geschmack von frisch geerntetem Gemüse. Man könnte sie glatt mit dem Kaugummi vergleichen, den Violetta in Charlies Schokoladenfabrik an sich nimmt und der mit einem Biss ein ganzes Mittagessen auf ihren Gaumen zaubert (zum Glück ohne üble Nebenwirkungen, wie sie Violetta zu spüren bekam). In verschließbaren Gläsern sind Keimpflanzen im Kühlschrank bis zu zwei Wochen nach der Ernte haltbar, ohne an Geschmack einzubüßen.

Keimpflanzen zu ziehen ist ein hervorragendes erstes Projekt für all jene, die mit dem Küchengärtnern beginnen möchten. Für erfahrene Profis halten die kleinen Nutzpflanzen eine endlose Sortenauswahl bereit, sodass sich immer etwas Neues zum Auszuprobieren finden lässt. Also dann: Auf die Blätter, fertig, los!

Einige Saatguthersteller haben Sorten entwickelt, die für den Keimpflanzenanbau besonders gut geeignet sind. Sie sollten jedoch nicht viel mehr kosten als herkömmliche Gemüsesamen, die ja ohnehin das Keimpflanzen-Stadium durchlaufen.

Samen auswählen

Obwohl sich fast alle Samen im Zuge der Keimung zu Keimpflanzen entwickeln, eignen sich bestimmte Sorten besser als andere. Melonen und Kürbisse beispielsweise bilden dicke, zähe Keimblätter aus, die nicht besonders verführerisch schmecken. Daikon-Rettich (weißer Riesenrettich) und blaue Kohlrabi sind hingegen beide besonders geschmackvoll und hübsch anzusehen. Die folgenden Überlegungen können Ihnen bei der Auswahl behilflich sein:

Geschmacksache: Wenn Sie einen kräftigen, würzigen Geschmack bevorzugen, sollten Sie auf Senf, Rukola, Radieschen, Kresse und andere pikante Gemüse setzen. Milder im Geschmack sind Mangold, Basilikum, Kohl und Karotte. Stellen Sie

sich einen kleinen Spross vor, der intensiv nach dem Gemüse schmeckt, das Sie am liebsten essen und schon ist die Entscheidung gar nicht mehr so schwierig. Einmal hatte ich dieses „Geschmackskriterium" außer Acht gelassen und eine ganze Tasse mit Frühlingszwiebeln bestückt. Jedes Gericht, das ich damit würzte, wurde vom intensiven Aroma des Zwiebelkrautes dominiert, das noch drei Tage später in meinem Atem zu riechen war. Wenn Sie sich also nicht gerade Ihren Zahnarzt zum Feind machen oder ein erstes Date ruinieren wollen, sollten Sie bei der Auswahl der Keimpflanzen bedachter vorgehen.

Keimungsdauer: Einige Pflanzen können es kaum erwarten, sich aus der Erde zu

Sortentrennung oder Sorten-Mix

Manche Gärtner sehen ihre Keimpflanzen gerne in Reih und Glied wachsen und streuen die Samen so aus, dass Rote Bete, Radieschen und Senf eine farblich geordnete Streifenabfolge bilden. Andere wiederum schütten die verschiedenen Samenkörner vor der Aussaat zusammen und ernten nach einigen Tagen ihre selbst entworfene Gemüsemischung. Ein Sorten-Mix ist meist auch im Saatgutfachgeschäft erhältlich und mitunter preiswerter als die Eigenkomposition, für die Sie jede Sorte extra kaufen müssen. Ein großer Vorteil der Sortentrennung ist hingegen, dass alle Jungpflanzen zur gleichen Zeit reif werden, was die Ernte einfacher und den Ertrag einheitlicher macht.

Werden verschiedene Samen vor der Aussaat zusammengeworfen, kann man seine Gemüsemischung direkt von der Tasse ernten. Streuen Sie ein paar Samen, die gut zueinander passen, in ein Glas und rühren Sie sie locker durch. Hier finden Rote Bete, Radieschen und Senf zueinander.

erheben, und keimen schon innerhalb weniger Tage. Andere wiederum lassen sich zehn Tage oder gar mehrere Wochen dafür Zeit. Da die meisten Züchter ihre Keimpflanzen nicht auf einen Menüplan abstimmen oder für den Verkauf am Bauernmarkt ernten, spielt die Keimungsdauer keine allzu große Rolle. Wenn Sie verschiedene Sorten in einer Tasse anpflanzen möchten, sollten Sie allerdings einen Sorten-Mix wählen, der in etwa gleich schnell heranreift, um bei der Ernte keine unreifen Samenpflänzchen mit abschneiden zu müssen.

Gestalt und Farbe: Viele Keimpflanzen sind wunderschön anzusehen. Mit einem Sorten-Mix, der farblich gut harmoniert, wird die Anzuchttasse zu einem erlesenen Blickfang in Ihrer Wohnung. Die roten Blattadern im Blutampfer wirken außergewöhnlich, fast wie gezeichnet, und die Stiele der Roten und Gelben Bete ragen in hellen, leuchtenden Farben empor. Es macht Spaß, mit Keimpflanzen, die bis zur Blattentwicklung gezüchtet werden, optische Akzente zu setzen. Roter Blattsenf etwa besticht mit einem Klecks Rot im tiefgrünen Blätterwald und Mizuna (asiatischer Wintersalat, lat.: *Brassica rapa*) begeistert mit seinen winzigen, baumkronenartigen Blättern an der Sprossenspitze.

Kostenfrage: Denken Sie beim Kauf Ihrer Saatgutmischung daran, dass speziell ausgewiesene Keimpflanzen-Samen (vor allem solche mit der trendigen Aufschrift „microgreens") nicht mehr kosten sollten als Sämereien, die diese Bezeichnung nicht tragen. Wenn Keimpflanzensamen für Rote Bete beim selben Anbieter mehr kosten als die herkömmliche Variante, dürfen Sie damit rechnen, dass die Extraeinnahmen als Leistungsprämien an die Marketingabteilung wandern.

Einträgliche Sorten für den Küchengarten

Die Auswahl an Gemüse und Kräutern, die sich für die ersten Zuchtversuche eignen, ist derart überwältigend, dass ich Ihnen hier einige meiner Lieblingssorten vorstellen möchte, um Ihnen den Start zu erleichtern (ein Anbieterverzeichnis finden Sie am Ende des Buches):

- *Rukola:* Mit seinen auffallend violetten Stielen ist Rukola eine hübsche Ergänzung zu den dominanten Grüntönen im Keimpflanzen-Beet. An seinem würzig-bitteren Geschmack ist Rukola leicht zu erkennen.

Rukola

- *Roter Senf („Red Giant"):* Wegen ihrer großen geschmacklichen Präsenz sind alle Senfsorten eine willkommene Abwechslung im Küchengarten. Optisch besonders ansprechend ist Roter Senf, dessen Blätter mit roten Blattadern durchzogen sind.

Senf: Sorte „Red Giant"

- *Gelbe und Rote Bete:* Sie unterscheiden sich durch die Farbe ihrer Stiele, die bei der Gelben Bete leuchtend hell ist. Beide Sorten wachsen wunderschön gleichmäßig und langsam. Da die Reifezeit zwischen drei Wochen und einem Monat liegen kann, pflanze ich sie in einem eigenen Gefäß, getrennt von anderen Gemüsesorten.

Rote Bete: Sorte „Early Wonder Tall Top"

- *Gartenkresse:* Diese zarte Keimpflanze ist ziemlich empfindlich und bei zu häufigem Gießen anfällig für Schimmel. Mit der richtigen Pflege ist Kresse aber nach wenigen Tagen erntereif. Sie kann sehr eng gesät werden und besticht mit einem frischen, pfeffrigen Geschmack.

Kresse

- *Komatsuna:* Dieser japanische Spinat besitzt einen intensiven Senfgeschmack. Schon an den ersten Ausläufen ist die runde Form des grünen Blattgemüses erkennbar.

Komatsuna (Japanischer Senfspinat)

- *„Ruby Red"-Mangold:* Sein milder Geschmack erinnert an Rote Bete. Mit seinen rot-violetten Stielen ist er besonders hübsch als Zutat von Salaten oder zum Garnieren von Rührei. Für noch mehr Farbe sorgt die Sorte „Bright Lights" mit Stielen in gelb, rosa, orange, rot, weiß und violett. Wie gefiele Ihnen ein Regenbogen in Ihrem Küchengarten?

Mangold: Sorte „Ruby Red"

- *„Red Russian"-Kohl:* Da ich Kohl sehr gerne habe, baue ich das ganze Jahr hindurch recht viel davon an, sowohl im Keimpflanzen-Format als auch in voller Größe. Diese Sorte gefällt mir vor allem wegen der violetten Maserung entlang der Stiele und Blätter.

Blattkohl: Sorte „Red Russian"

- *„Dark Opal"-Basilikum:* Ich liebe den kräftigen Geschmack von frischem Basilikum. Kräuter machen sich im Keimpflanzen-Mix immer gut, vor allem dann, wenn sie einen farblichen Kontrast zum sonst so überragenden Grün bieten, wie diese Sorte mit ihrem violetten Blatt am ebenfalls violett gefärbten Stiel.

Basilikum: Sorte „Dark Opal"

Alle Handwerkszeuge, die Sie zum großflächigen Anbau von Keimpflanzen benötigen, sind hier zu sehen.

Tassen, Töpfe und andere Gefäße

Keimpflanzen sind reich an Nährstoffen, überzeugend im Geschmack und die heimlichen Stars eines gepflegten Abendessens. Doch schon lange vor der Ernte machen sich ihre Vorzüge bemerkbar. Da die Sämlinge in ihrer ersten Entwicklungsphase ein nur sehr flaches Wurzelsystem ausbilden, können sie in so gut wie jedem Gefäß angepflanzt werden.

Und manchmal wachsen sie auch ganz ohne Gefäß: Es war das Ende eines heißen Sommertages, als ich, ganz erschöpft von der Arbeit am Feld, einen Viertel Becher Samen auf dem Beifahrersitz meines VW Beetle Cabrio verschüttet habe. Da der Wagen übersät ist mit Erde, Schmutz, Stroh, Zweigen und anderen Transportrückständen, habe ich die Samen ganz einfach auf die Fußmatte gewischt und

mir vorgenommen, sie bei meinem alljährlichen Autoputztag zu entfernen. Die Belüftung im Wagen ist erstklassig, da ich das Verdeck meist unten habe, und die Fußmatten werden regelmäßig nass von matschigen Stiefeln und gebrauchten Wasserflaschen. Die Wachstumsbedingungen für Keimpflanzen waren also ideal, und so fand ich eines Morgens am Boden vor dem Beifahrersitz einen wunderschön sprießenden Teppich aus Radieschen-, Mizuna- und Senfpflänzchen.

Ich hatte natürlich Bedenken wegen der Schadstoffe, die in den Automatten und der Wagenauskleidung vorhanden sein könnten und entsorgte deshalb meinen hübschen Ertrag – wenn auch mit Wehmut. Diese Erfahrung hat mich jedoch dazu gebracht, fortan niedrige-

Für großflächige Kulturen ist eine funktionierende Drainage wichtig, doch im kleinen Rahmen darf man ruhig mit Pflanzgefäßen experimentieren, die aus der Reihe fallen. Hier bekommt die Tasse Kräutertee eine ganz neue Bedeutung.

re Anzuchttassen zu verwenden und in meiner Küchengartenstrategie auf eine bessere Luftzufuhr zu setzen.

Es gibt eine ganze Reihe cleverer Möglichkeiten, Keimpflanzen anzubauen. Ein paar Samen mit einem Teelöffel Erde in einer Bierkapsel wäre eine minimalistische Variante; eine ausrangierte, gläserne Auflaufform wiederum eine besonders appetitanregende.

Ich bevorzuge herkömmliche Anzuchttassen mit Drainagelöchern in der Unterseite – die pflanzenfreundlichste Variante. Sie verhindern Staunässe, die bei Keimpflanzen auch bei adäquater Belüftung schnell zu Schimmel führen würde, und ermöglichen eine Bewässerung von unten, die vor allem dann relevant wird, wenn die Pflanzen eine gewisse Größe erreicht haben (so um die

drei bis vier Tage vor der Ernte) und die dünnen Stiele dem Wasserdruck durch das Gießen mit der Gießkanne nicht mehr standhalten.

Sie können praktisch jede leere Plastiktasse mit Abzugslöchern versehen und Ihre Keimpflanzen darin anpflanzen. Dem Verwendungszweck am besten gerecht werden lebensmittelechte Behälter.

Aufgrund der geringen Wurzeltiefe benötigen Keimpflanzen deutlich weniger Erde zum Wachsen als Setzlinge oder Küchenkräuter, die voll ausreifen. Mit flachen Tassen und Schalen können Sie Anzuchterde einsparen und sich zudem auf eine einfachere Ernte freuen.

Tassen ohne separate Einkerbungen sind ein wahrer Segen beim Ernten der jungen Pflanzen. In meiner Anfangszeit verwendete ich Anzuchtschalen mit entsprechenden Ausbuchtungen für jede Sorte, die ich ansetzen wollte. Solche Schalen sind ideal für Stecklinge, die einen kompakten Wurzelballen ausbilden müssen, um kräftig genug für das Verpflanzen ins Freie zu sein. Beim Keimpflanzenanbau sind sie jedoch eine äußerst schlechte Wahl. Aufgrund der Tiefe und des Abstandes der Ausbuchtungen musste ich mit einer kleinen Stickschere Hand anlegen. Zu Beginn fand ich das noch ganz lustig, doch meine Begeisterung ließ rasch nach. Nun genügen ein paar Schnitte mit der Küchenschere und die flache Keimpflanzenschale ist abgeerntet.

Ehe sich die flachen Wurzeln der Keimpflanzen zu verdichten beginnen, werden die Pflanzen geerntet. Aus diesem Grund sind auch flache Behälter für die Aufzucht geeignet.

Die Erde muss locker sein und sollte sich nicht verdichten. Wenn Sie sie vor der Aussaat anfeuchten, beschleunigt das den Keimungsprozess.

Vorbereitung der Erde

Keimpflanzen wachsen am besten in einer sehr lockeren, wasserdurchlässigen Erde. Meine Wahl fällt in der Regel auf Komposterde, die mit ein wenig Vermiculit angereichert ist. In der Vorbereitung des Bodens ist es besonders wichtig, die Erde vor der Aussaat mit etwas Wasser zu vermengen, damit sie ihre Feuchtigkeit während des Keimungsprozesses besser halten kann. Die Anleitung zu „Bossy E's erlesener Erdmischung" können Sie auf Seite 35 nachlesen.

Beim Einrühren von Wasser in Komposterde sollten Sie sich an die Konsistenz von Butterstreuseln herantasten. Wenn Sie eine Handvoll davon in Ihrer Faust zusammendrücken und nur wenige Tropfen Wasser austreten, ist die Mischung perfekt. Wenn das Wasser als Strahl abrinnt, müssen Sie etwas trockene Erde einrieseln lassen.

Es ist nicht zwingend notwendig, den Boden vorab zu befeuchten. Tatsächlich habe ich schon viele Tassen Keimpflanzen geerntet, die auch anders gut gewachsen sind. Der Vorteil dieser Methode besteht ganz einfach darin, dass sich die Keimungsdauer um einige Tage verkürzt.

Samen, die für die Aufzucht von Keimpflanzen bestimmt sind, werden viel dichter gesät als jene, aus denen voll ausgebildete Pflanzen wachsen sollen. Diese Grünkohlsamen werden eine üppige Keimpflanzenkultur hervorbringen, die platzsparend und leicht zu ernten ist. Möchte man reife Kohlpflanzen ernten, wäre zwischen den Samen ein Abstand von mehreren Zentimetern erforderlich.

Aussaat und Pflege

Erste Schritte

Vergewissern Sie sich, dass das Anzuchtgefäß sauber ist. Befüllen Sie es einige Zentimeter hoch mit Erde und lockern Sie diese, wenn nötig, mit den Fingern ein wenig auf.

Da die Erde feucht ist, könnte man in Versuchung geraten, sie wie einen Matschkuchen in eine Sandkastenform zu drücken, doch dadurch würde sich der Boden verdichten und die Anzuchttasse wäre hart wie ein Ziegelstein, sobald man sie unter die Gewächslampe stellt.

Das Wichtigste beim Säen ist, die Samen großzügig über die gesamte Tasse zu verteilen und nicht jedes Samenkorn einzeln zu verpflanzen, wie Sie das vielleicht bisher in Ihrem Garten getan haben. Manchen Gärtnern fällt es schwer, die gewohnte Routine zu durchbrechen, doch nur wer dicht genug sät, kann die begrenzte Anbaufläche zur Gänze nutzen und einen zufriedenstellenden Ertrag erzielen. Mir ist klar, dass Sie höchstwahrscheinlich nicht unter die professionellen Keimpflanzenzüchter gehen werden und es Ihnen womöglich egal ist, wie lange das Abernten dauert, doch die Samenpflänzchen einzeln abzuschneiden, um das Abendessen damit zu garnieren, kann schon ziemlich zeitintensiv werden.

Hobbygärtner aufgepasst: Bedecken Sie die Samen keinesfalls mit Erde, Vermiculit oder Ähnlichem, denn sonst kann es passieren, dass nicht alle Samen zur gleichen Zeit keimen. Was im Gemüsegarten kein nennenswerter Nachteil ist, kann am Küchentresen für reichlich Unmut sorgen.

Gießen Sie die Samen vorsichtig und legen Sie dann ein Geschirrtuch

Bereiten Sie Ihre Anzuchterde à la Bossy E vor (siehe Seite 35) und streuen Sie sie in Ihr Pflanzgefäß. Wirkt die Erde zu gedrungen, rütteln Sie sie ein wenig mit den Fingern durch.

oder eine leere Pflanzschale über Ihre Keimpflanzenkultur. So bleibt die Erde warm und die Samen sind für einige Tage vor Licht geschützt, was ihrer gesunden Entwicklung zugute kommt. Wenn Sie möchten, dürfen Sie den Deckel ruhig von Zeit zu Zeit abheben, um den Zauber mitzuverfolgen, doch vergessen Sie nicht, das Gefäß wieder zu verschließen, solange noch keine Samensprossen zu erkennen sind.

Bei den ersten Anzeichen der Keimung (nach rund drei bis vier Tagen) kann der Deckel entfernt werden. Gießen Sie die Keimlinge von nun an täglich und stellen Sie sie für mindestens sechs bis acht Stunden am Tag unter die Gewächslampe.

Verteilen Sie die Samen in geringem Abstand zueinander, ohne sie mit Erde, Vermiculit oder Ähnlichem zu bedecken. Auf diese Weise reifen sie gleichmäßig und zeitgleich heran.

Gießen Sie vorsichtig Wasser auf die Erde. Achten Sie darauf, dass die Samen nicht zusammenfließen.

Die feuchte Erde wird bedeckt und warm gehalten, um die Keimung voranzutreiben. Sobald die ersten Auswüchse zu erkennen sind (nach drei bis vier Tagen), entfernen Sie das Tuch und gießen Sie täglich.

Tipp: Die Sämlinge, wenn möglich, nicht von oben gießen. Stellen Sie Anzuchttassen mit Drainagelöchern in ein größeres Gefäß, damit die Erde das Wasser von unten aufsaugen kann. Alternativ können Sie mit einer Gießkanne auf Wurzelhöhe gießen oder einen Zerstäuber verwenden.

Wachstum fördern

Sind die ersten Anlagen ausgebildet, wachsen Keimpflanzen fast wie von selbst. Eine Sache, die für den gesunden Fortbestand der Keimpflanzenkultur entscheidend ist, gilt es allerdings zu beachten. Ich meine die richtige Bewässerung. Solange sich die Pflänzchen im Keimstadium befinden und neben dem Spross nur die Keimblätter zu sehen sind, ist es in Ordnung, sie von oben zu gießen. Sobald die ersten echten Blätter da sind, sollten Sie nach Möglichkeit nur noch von unten wässern, um die zarten Stiele und Blätter nicht niederzudrücken. Lassen Sie ganz einfach 2–3 cm Wasser in die Küchenspüle, Badewanne oder einen leeren Pflanztrog laufen und stellen Sie die Schale mit den Keimpflanzen für einige Minuten ins Wasserbad. So kann jede Pflanze die Feuchtigkeit, die sie benötigt, direkt über ihre Wurzeln aufnehmen. Diese Methode hat sich auch als Erfrischungskur für schlaffe, kraftlose Pflänzchen bewährt.

Wenn eine Bewässerung von unten nicht möglich ist, gießen Sie Ihre Keimpflanzen behutsam auf Wurzelhöhe oder besprühen Sie die Pflanzen großzügig mit einem Zerstäuber.

Komplikationen & Maßnahmen

Bedenkliche und unbedenkliche Begleiterscheinungen im Keimpflanzenanbau:

Schimmlige Stellen auf der Erde

Mögliche Ursachen hierfür sind unzureichende Belüftung, zu häufiges Gießen oder zu hohe Luftfeuchtigkeit. Oft sind nur Teile des Bodens davon betroffen. Setzen Sie die schimmelfreien Pflanzen in ein anderes Gefäß (entsorgen Sie den Rest) und lassen Sie die Erde ein wenig austrocknen, ehe Sie sie wässern. Warten Sie einige Tage mit der Ernte, um sicherzugehen, dass die Pflänzchen gesund sind. Tritt der Schimmel erneut auf, entsorgen Sie die Kultur und säen Sie frische Samen aus.

Feine, weiße Härchen um die Samen

Die sogenannten Wurzelhärchen treten bei Keimpflanzen häufig in Erscheinung und sind völlig unbedenklich. Sie unterstützen die Pflanze in ihrem Wachstum, da sie Nährstoffe und Feuchtigkeit vom Boden aufsaugen und weiterleiten. Werfen Sie Ihre Keimpflanzen in dem Glauben, die Wurzeln wären von Schimmel befallen, also nicht weg – die Härchen deuten darauf hin, dass alles richtig läuft.

Keimpflanzen sehen gelb und kraftlos aus

Wenn Sie nach erfolgter Keimung die Abdeckung von der Anzuchttasse entfernen und die Pflänzchen einen Gelbstich aufweisen, besteht kein Grund zur Sorge. Alles, was sie für ein sattes Grün benötigen, ist Licht. Nach ein bis zwei Tagen sollte sich das Problem von alleine gelöst haben. Macht sich die Gelbfärbung zu einem anderen Zeitpunkt bemerkbar, sind die Keimpflanzen womöglich zu weit von ihrer Lichtquelle entfernt. Verringern Sie den Abstand zur Gewächslampe auf maximal 15 cm – es sei denn, die Lampe strahlt Wärme ab (dann muss ich Sie fragen: Was genau wollen Sie denn damit? Versuchen Sie Eidechsen zu züchten?). Starkes Licht schadet nicht, sondern kurbelt die Photosynthese und damit das gesunde Wachstum Ihrer Pflanzen an.

Langsame oder ausbleibende Keimung

Anlaufschwierigkeiten dieser Art sind in den meisten Fällen auf zu alte Samen oder Feuchtigkeitsmangel zurückzuführen. Letzterem können Sie durch häufigeres Gießen entgegenwirken. Um die Samen auf ihre Tauglichkeit zu prüfen, streuen Sie ein paar davon auf ein nasses Papiertuch. Kommt es innerhalb der darauffolgenden vier Tage zu keiner Keimung, besorgen Sie sich frisches Saatgut und starten Sie eine neue Kultur.

Unter guten Wachstumsbedingungen sind Keimpflanzen in ein bis zwei Wochen bereit für die Ernte. Die meisten Sorten schmecken am besten, wenn sie 3–5 cm hoch sind und das zweite Blattpaar gebildet haben.

Ernte und Aufbewahrung

Bereitmachen für die Ernte

Einfach zupacken und abschneiden, so einfach ist das. Gelegentlich werden Sie Samen entdecken, die noch nicht gekeimt haben, weil sie von den darüberliegenden beschattet wurden. Dann können Sie die abgeerntete Tasse noch ein paar Tage länger stehen lassen, um zu sehen, ob noch etwas nachwächst. Ansonsten gilt: Die Tasse leeren und erneut beginnen.

Keimpflanzen können einfach und schnell mit der Schere geerntet werden.

Aufbewahrungslösungen

Keimpflanzen werden meist in Kunststoffbehältern verkauft. Auch wir bieten sie
am Bauernmarkt in Plastikdosen an, weil
wir sie so besser transportieren und kühl
stellen können. Für den Hausgebrauch
sollten Sie auf Einweckgläser zurückgreifen. Darin bleiben die Keimpflanzen im
Kühlschrank mehrere Wochen frisch.

**Bewahren Sie frisch geerntete Keimpflanzen nicht
zu dicht gepackt in einem Glas mit Deckel auf.**

**In einem luftdicht verschlossenen Glasgefäß sind Keimpflanzen mindestens eine Woche im
Kühlschrank haltbar. „Frisch vom Feld" sollte dennoch Ihre Wahl sein.**

Keimpflanzen zubereiten

Selbst wenn man sie gekühlt und fest verschlossen lagert, sind Keimpflanzen nicht ewig haltbar. Klar, man könnte sie mit anderen Zutaten zu Sugo verarbeiten und dann einfrieren oder als Pesto einmachen, doch eigentlich sind Keimpflanzen dazu bestimmt, sofort nach der Ernte verspeist zu werden.

Bereiten Sie sie frei nach Lust und Laune zu. Sie werden sehen, mit den Keimpflanzen wird auch Ihre Kreativität beim Kochen und Würzen wachsen. Servieren Sie sie zu Lachs, Hühnchen, Tofu oder Schweinefleisch, belegen Sie eine Pizza mit herzhaften Rukola-Keimpflanzen oder streuen Sie ein paar Grünkohlblättchen auf Ihr Brot. Wenn das Rührei zum Frühstück zum Gähnen langweilig aussieht, werfe ich eine Handvoll „Bright Lights"-Mangold darüber – et voilà: Das Stimmungsbarometer steigt mit jedem Bissen. Wer würde sich nicht über einen kleinen Blättergarten freuen, der in nur wenigen Wochen so schmackhaften und reichhaltigen Ertrag liefert? Keimpflanzen sind aus meinem Haushalt nicht mehr wegzudenken und ich vermute, Ihnen wird es genauso ergehen, wenn die kleinen Pflänzchen den Weg auf Ihren Teller gefunden haben.

Gebratener Ahi-Thunfisch mit Obstsalat und Keimpflanzen

Cranberrysauce garniert mit Keimpflanzen

Gemischter Blattsalat mit Keimpflanzen, Mango und schwarzem Sesam

Hummus auf einem Keimpflanzen-Bett mit kross gebackenem Brot

ERBSEN-, SONNENBLUMEN- UND PUFFMAISKEIMLINGE

Jedes Jahr, gegen Mitte Februar, merke ich, wie sich großer Unmut in mir breitmacht: Es fällt mir immer schwerer, meinen Einkaufskorb mit Gemüse aus Kalifornien, Chile, Mexiko oder gar Peru und Neuseeland zu füllen.

Ich weiß die harte Arbeit der Bauern quer durch Amerika und rund um den Globus zu schätzen, und auch mir gefällt der Gedanke, Orangen zu essen, wenn vor dem Fenster ein Schneesturm wütet. Doch das ändert nichts daran, dass die weit gereisten Produkte auf ihrem Transportweg an Geschmack und Nährwert einbüßen. Wenn man an einem Ort lebt, wo man jeden Morgen 20 Minuten zusätzlich einplanen muss, um die Windschutzscheibe von einer dicken Eisschicht zu befreien, ist das Aufspüren frischer regionaler Erzeugnisse aber nicht gerade einfach. Welche Alternativen gibt es? Man kann auf das eingemachte Obst und Gemüse zurückgreifen, das man im Sommer mühevoll verarbeitet hat, oder man überlegt sich, den Garten in die Wohnung zu verlegen und alles, was gut wächst, dort anzubauen.

Da bei uns zu Hause die leckeren Konserven meist schon im März verbraucht sind, begannen wir mit Gemüsesorten zu experimentieren, die leicht zu züchten sind. Keimlinge kamen uns da wie gerufen.

Keimlinge schmecken lecker von der Hand in den Mund, eignen sich aber auch hervorragend zum Garnieren von Meeresfrüchten und Fleisch. Diese Schüssel voll Erbsenkeimlinge wird mit Zitrone und Olivenöl als Salatbeilage gereicht.

Anders als Sprossen, die in Wasser gezüchtet und mit großer Regelmäßigkeit gespült werden müssen, um Bakterien fernzuhalten, benötigen Keimlinge zum Wachsen lediglich etwas Erde und einen weitaus weniger rigorosen Pflegeplan. Wir verpflanzten unsere ersten Körner eigentlich bloß, um zu sehen, was passieren würde, und nun beliefert unser kleiner Betrieb gleich mehrere Restaurants im Ort. Ein Restaurant hat sogar ein vegetarisches Gericht aus Erbsenkeimlingen nach uns benannt – den „Bossy Burger". Wer würde da nicht gern zubeißen?

Ich vermute, Sie werden zu Beginn keine derart großen Mengen anbauen, dass Sie die örtliche Gastronomie damit versorgen können. Doch glauben Sie mir, man bekommt schnell Lust auf mehr, wenn man sieht, wie rasch die Keimlinge in die Höhe schießen und wie gut sie sich als Beilage zu allerlei Gerichten eignen.

Die herzhaft knackigen Erbsensprossen lassen den Geschmack von Frühling aufkommen – egal zu welcher Jahreszeit. Sonnenblumenkeimlinge schmecken saftig-nussig und können wegen ihrer überraschend festen Struktur auch kurz mit in der Pfanne braten. Puffmaiskeimlinge hingegen überzeugten uns in einem unserer bislang abenteuerlichsten Experimente mit ihren ganz eigenen, sonderbaren Merkmalen. Sie sehen ein wenig aus wie Weizengras, schmecken aber wie gewöhnlicher Zuckermais und hinterlassen einen unglaublich intensiven Nachgeschmack nach Maisstärke. Einige Menschen sind vollends begeistert davon; ich mische sie lieber unter die anderen Sorten, um den Stärkegeschmack abzuschwächen.

Mit diesen drei Sorten können Sie innerhalb wenigen Wochen Keimlinge unter Ihrer Gewächslampe züchten. Also nichts wie ran an die Vorbereitungen!

Keimlinge sind eine Art Mischstufe zwischen Keimpflanzen und Sprossen. Man pflanzt sie in Anzuchterde und lässt sie so lange reifen, bis sie in etwa das Entwicklungsstadium von Sprossen (Keimblattstadium) erreicht haben. Das Bild rechts zeigt Puffmaiskeimlinge.

Einträgliche Sorten für den Küchengarten

Keimlinge sind im Grunde nichts anderes als Keimpflanzen, die ihre ersten Blätter noch nicht ausgebildet haben. Würde man ein Erbsen-, Sonnenblumen- oder Puffmaiskorn voll ausreifen lassen, hätte man nach der jeweiligen Reifedauer die ausgewachsene Pflanze vor sich. Da sie als Keimling aber sehr jung geerntet wird, ist ihr Geschmack intensiver. Aufgrund der geringen Wuchshöhe kann man die Samen in geringem Abstand zueinander in einem flachen Gefäß anbauen. Die Sortenvielfalt spielt bei Keimlingen keine große Rolle. Hier ein paar Vorschläge:

■ *Zuckererbse „Dwarf Grey Sugar":* Nach vielen Versuchen verwenden wir nun ausschließlich diese Sorte, sowohl in unserem Betrieb als auch im Küchengarten zu Hause. Sie ist eine niedrig wachsende Erbsensorte, die beim Anbau am Feld kein Stützgitter benötigen würde. Die Keimlinge sind nahrhaft, leicht zu ziehen und schmecken wirklich fantastisch, wenn man sie zu Pesto verarbeitet. Auch so gut wie jede andere Erbsensorte kann als Keimling gezogen werden. Sollten Sie zufällig „Sugar Snap"-Samen zu Hause haben, klappt es damit genauso gut. Eher meiden würde ich hochwachsende robuste Sorten wie die Zuckererbse „Oregon Giant", die eine Länge von 12 cm erreichen kann.

Zuckererbsenkeimlinge: Sorte „Dwarf Grey Sugar"

■ *Sonnenblume:* Ich hatte mir vorgenommen, in den Kapiteln dieses Buches keine Saatguthersteller namentlich zu erwähnen, um nicht voreingenommen zu wirken. An dieser Stelle komme ich aber nicht darum herum, eine Ausnahme zu machen. *Johnny's Selected Seeds*, ein Erzeuger aus Maine, hat besonders gehaltvolle und zuverlässige Sonnenblumenkerne in seinem Sortiment, die sich hervorragend für die Keimlingsaufzucht eignen und noch dazu in Bio-Qualität angeboten werden. Andere Sorten brachten

Sonnenblumenkeimlinge

eher enttäuschende Ergebnisse, allen voran die Kerne, die eigentlich fürs Futterhäuschen bestimmt sind (ein wenig Experimentierfreude darf nicht fehlen, richtig?). Wählen Sie Samen, die für den menschlichen Verzehr bestimmt sind, und wenn Sie möchten, versuchen Sie es mit *Johnny's* Kernen.

- *Puffmais (Popcorn):* Ganz spontan kam uns die Idee, Popcorn-Kerne im Bioladen mitzunehmen, sie keimen zu lassen, zu verpflanzen und anschließend zu essen.
Unser Plan ging auf. Sie brauchen also keine richtigen Samen zu kaufen, wenn Sie Kerne finden, die nicht verarbeitet, gebuttert oder gesalzen sind. Bei Puffmais handelt es sich um eine spezielle Maissorte, die für die Popcorn-Herstellung gezüchtet wurde. Keimlinge aus herkömmlichen Maiskörnern zu ziehen, ist theoretisch möglich, mit Puffmais haben Sie jedoch größere Chancen auf Erfolg.

Puffmaiskeimlinge

- *Kapuzinerkresse:* Als eine der beliebtesten essbaren Blumen gibt sie auch als Keimling geschmacklich einiges her. Kapuzinerkresse braucht meist etwas länger, um zu keimen. Helfen Sie nach, indem Sie die Samen für eine Stunde (oder länger) in Wasser einweichen, ehe Sie sie auf der Anzuchterde verteilen.

Kapuzinerkresse-Keimlinge

In einem flachen Gefäß gepflanzt, entwickeln Keimlinge rasch ein dicht verwobenes Wurzelkleid. Die Wurzeln sind nicht essbar, liefern aber einen wertvollen Abfall für Ihren Kompost.

Tassen, Töpfe und andere Gefäße

Wie bei den meisten Keimpflanzen bevorzuge ich auch bei Keimlingen flache, einteilige Anzuchttassen mit Drainagelöchern in der Unterseite. Die Löcher verhindern ein Aufstauen von Feuchtigkeit in der Erde, was selbst bei adäquater Belüftung rasch zu Schimmelbildung im Pflanzgefäß führen kann. Da die Samen sehr eng gesät werden, wäre ohne funktionierende Drainage schon innerhalb der ersten 24 Stunden ein Fäulnisbefall der Wurzeln möglich.

Denken Sie bei der Auswahl des Pflanzgefäßes daran, dass Keimlinge aufgrund der geringen Wurzeltiefe deutlich weniger Erde zum Wachsen benötigen als Setzlinge oder Küchenkräuter, die voll ausreifen. Mit flachen Tassen oder Schalen können Sie Anzuchterde einsparen und sich zudem auf eine einfachere Ernte freuen.

Ausgewachsene Erbsen-, Sonnenblumen- und Maispflanzen benötigen nach unten hin viel Platz, doch im Pflanzgefäß beginnen sich die Wurzeln der jungen Keimlinge ineinander aufzurollen. Bei Erbsenkeimlingen bildet sich im Boden ein festes Wurzelgeflecht, das die Kunststofftasse hart wie ein Ziegelstein werden lässt. Flache Tassen sind da um einiges praktischer, da der Wurzelteppich nach der Ernte ganz einfach auf den Kompost gekippt werden kann.

Ein kleiner Tipp unter Landwirten: Hühner lieben die übrig gebliebenen Stängel und Körner auf der abgeernteten Keimlingstasse.

Kurz gesagt: Sie verwenden so wenig Erde wie nötig, nutzen die maximale Anbaufläche in Ihrer Anzuchttasse und machen vielleicht obendrein noch Ihre Hühner glücklich damit.

Vorbereitungsschritte

Für Keimlinge ist eine reine Komposterde gut geeignet, solange sie leicht und locker ist. Wenn Sie nur Anzuchterde zu Hause haben, mischen Sie zur Auflockerung ein wenig Vermiculit hinzu.

Besonders wichtig ist es, die Erde vor ihrem Einsatz mit ein bisschen Wasser zu vermengen, damit der Boden seine Feuchtigkeit während des Keimungsprozesses besser halten kann.

Beim Einrühren von Wasser in Komposterde sollten Sie sich an die Konsistenz von Butterstreuseln herantasten. Wenn Sie eine Handvoll davon in Ihrer Faust zusammendrücken und nur wenige Tropfen Wasser austreten, ist die Mischung perfekt. Wenn mehr Wasser abrinnt, müssen Sie etwas trockene Erde nachgeben.

Es ist nicht zwingend notwendig, den Boden vorab zu befeuchten. Ich habe schon öfters darauf verzichtet und die Keimlinge wuchsen dennoch prächtig. Der Vorteil dieser Methode besteht ganz einfach darin, dass die Samen einige Tage eher zu keimen beginnen.

Bei der Vorbereitung der Samen gibt es einen einfachen Weg, die Keimung zu beschleunigen: Weichen Sie die Kerne etwa 24 Stunden vor der Aussaat in einer Schüssel Wasser ein. Wenn das Wetter umschwingt und es im Haus kühler wird, lasse ich sie für ein bis zwei Tage länger quellen, sodass die Samen bereits vor der Aussaat zu keimen beginnen. Damit kann die Keimungsdauer um bis zu eine Woche verkürzt werden.

Geben Sie Acht darauf, die Kerne niemals länger als 72 Stunden im Wasser zu lassen. Wird nämlich das Keimstadium

Diese Sonnenblumenkerne haben gerade zu keimen begonnen. Wenn Sie die Kerne vor der Aussaat einen Tag lang in Wasser einweichen, dürfen Sie mit einer weitaus kürzeren Keimungsdauer rechnen.

überschritten, verschlechtern sich die Wachstumschancen dramatisch und die Samen können nicht mehr gepflanzt werden. Das Schlimmste an im Wasser vergessenen oder zu lange gequollenen Samen ist jedoch der ekelhafte Gestank, der von den nassen, faulenden Kernen aus in alle Ecken des Hauses zieht. Ganz ehrlich, es ist einer der schlimmsten Gerüche, die man sich vorstellen kann – wie verkrusteter Zehenschweiß in nassen, schmutzigen Socken. Sie sollten sich fest vornehmen, niemals überprüfen zu wollen, ob mein hier beschriebenes „Geruchsszenario" auch tatsächlich zutrifft.

Aussaat und Pflege

Erste Schritte

Vergewissern Sie sich, dass das Anzuchtgefäß sauber ist. Befüllen Sie es einige Zentimeter hoch mit Erde und lockern Sie diese, wenn nötig, mit den Fingern ein wenig auf. Da die Erde feucht ist, könnte man in Versuchung geraten, sie wie einen Matschkuchen in eine Sandkastenform zu drücken, doch dadurch würde sich der Boden verdichten und die Anzuchttasse wäre hart wie ein Ziegelstein, sobald man sie unter die Gewächslampe stellt.

Man sollte sich Zeit nehmen, um die Erde glatt zu streichen und eine ebene Oberfläche zu schaffen, vor allem entlang des Gefäßrandes. Häufig passiert es, dass man gegen den Rand hin zu viel Erde aufschiebt und sich in der Mitte der Tasse eine leichte Senke bildet. Dieses unbeabsichtigte Gefälle verursacht eine ungleichmäßige Wasserverteilung und hat zur Folge, dass ein Teil der Samen zu lange im Nassen sitzt, während andere Samen vertrocknen.

Ist die Erde fertig vorbereitet, können Sie die Kerne im Abstand von wenigen Millimetern ausstreuen, sodass sie eng aneinanderliegen, jedoch nicht um das gleiche, winzige Fleckchen Erde konkurrieren müssen. Es ist nicht erforderlich, Löcher in die Erde zu stechen und die Kerne darin zu verpflanzen. Ein lockerer Bodenkontakt ist ausreichend.

Wenn sich die Kerne an manchen Stellen berühren, ist das nicht weiter tra-

Verteilen Sie die Kerne großzügig auf der Komposterde.

gisch. Das Einzige, was passieren kann, ist, dass ein paar der Samen nicht keimen. In den meisten Fällen erwachen diese verschlossenen Kerne aber nach der ersten Ernte und nützen den freigewordenen Platz im zweiten Durchgang.

Gießen Sie etwas Wasser über Ihre Aussaat und legen Sie zum Abschluss eine leere, schwarze Anzuchttasse auf das Pflanzgefäß. So bleibt die Erde warm und die Samen sind für einige Tage vor Licht geschützt, was ihrer gesunden Entwicklung zugute kommt. Sie dürfen ruhig von Zeit zu Zeit unter den Deckel blicken, um den Zauber mitzuverfolgen, doch vergessen Sie nicht, das Gefäß wieder zu verschließen, solange noch keine Samensprossen zu erkennen sind.

Bei den ersten Anzeichen der Keimung (nach rund drei bis vier Tagen), kann der Deckel entfernt werden. Gießen Sie die Keimlinge von nun an täglich und sorgen Sie für mindestens acht Stunden ausreichend Licht am Tag. Bei der Beleuchtung unter der Gewächslampe sollte die Lampe in einem Abstand von circa 15 cm zu den Pflanzenenden positioniert sein. Wenn die Jahreszeit passt und die Sonne stark genug ist, können Sie das Pflanzgefäß zwischendurch ans sonnige Fenster stellen. Da sich die Keimlinge in Richtung Sonne neigen, kann es hier jedoch notwendig werden, das Gefäß täglich anders auszurichten, um für einen geraden Pflanzenwuchs zu sorgen.

Die Kerne werden nicht mit Erde bedeckt. Bei ausreichend Feuchtigkeit und Wärme beginnen die Keimlinge innerhalb weniger Tage zu wachsen.

Erbsenkeimlinge sind etwa zwei Wochen nach der Aussaat bereit für den Verzehr. A) Neu gepflanzt; B) nach drei Tagen; C) nach einer Woche; D) nach zwei Wochen.

Wachstum fördern

Sind die Keimlinge erst einmal sichtbar, wachsen sie zügig und ohne viel Zutun. Lediglich beim Gießen sollten Sie einen kleinen Umweg gehen, denn die zarten Pflänzchen profitieren, genauso wie Keimpflanzen, von der Wasseraufnahme über Drainagelöcher im Gefäßboden.

Befüllen Sie hierfür die Küchenspüle, Badewanne oder einen leeren Pflanztrog mit 2–3 cm Wasser und stellen Sie das Gefäß mit den Keimlingen für einige Minuten hinein. So kann jede Pflanze die Feuchtigkeit, die sie benötigt, direkt über ihre Wurzeln aufnehmen. Auch schlaffe, kraftlose Keimlinge können auf diese Weise wieder aufgerichtet werden.

Wenn eine Bewässerung von unten nicht möglich ist, gießen Sie die Keimlinge behutsam auf Wurzelhöhe oder besprühen Sie sie großzügig mit einem Zerstäuber.

Durch die Bewässerung im Wasserbad können die Wurzeln ausreichend Feuchtigkeit aufnehmen, ohne dass die feinen Stiele niedergedrückt werden.

Keimlinge kann man das ganze Jahr hindurch kultivieren (doch bestimmte Jahreszeiten sind besser geeignet als andere)

Wenn es besonders heiß und stickig im Haus ist, sollten Sie Ihr Pflanzvorhaben bis zur nächsten Abkühlung hinausschieben. Auf *Bossy Acres* haben wir versucht, Keimlinge das ganze Jahr hindurch zu kultivieren, und auch zu Hause habe ich mich an dieses langwierige Projekt herangewagt. Die Ergebnisse waren je nach Jahreszeit unterschiedlich: Im Frühling und Herbst sind die Bedingungen ideal. Auf Wärmematten ist das Wachstum im Winter etwas verlangsamt, doch die Ausbeute an frischen, knackigen Keimlingen ist immer noch reichlich. Im Sommer allerdings haben die Keimlinge schwer zu kämpfen, da hilft auch keine Klimaanlage. Luftzug optimieren, öfter gießen, weniger gießen, von unten wässern, besprühen, mehr Luft zuführen, Stellplatz wechseln – wenn Sie die äußeren Faktoren nicht ständig überwachen wollen, rate ich Ihnen, die Keimlingsaufzucht während der Sommermonate auszusetzen.

Keimlinge wachsen am besten im Frühling und Herbst, doch mithilfe einer Wärmematte oder einer anderen geeigneten Wärmequelle kann man sie auch im Winter erfolgreich anbauen. Der Sommer ist aufgrund der hohen Temperaturen und Luftfeuchtigkeit weniger geeignet (doch das ist meist nicht weiter schlimm, denn die Sommermonate sind eine hervorragende Zeit für den Anbau im Freien).

Tipps für den Anbau von Keimlingen

Die folgenden Strategien können sich beim Anbau von Keimlingen als hilfreich erweisen:

- Setzen Sie die Licht- und Wasserzufuhr nach der ersten Ernte fort. Sehr oft keimen einige Samen verzögert oder reifen langsamer, weil sie von anderen Pflanzen überdeckt wurden. Bei Erbsenkeimlingen lohnt es sich, zwei bis drei zusätzliche Durchgänge einzuplanen. Natürlich werden die Folgeernten nicht so üppig sein wie die erste, doch der Ertrag ist immer noch jede Mühe wert.

- Unmittelbar nach dem Keimstadium, wenn sich die Keimblätter gerade erst ausgebildet haben, reagieren die jungen Pflanzen sensibel auf zu trockene Umgebungsluft. Besprühen Sie sie im Bedarfsfall mit einem Wasserzerstäuber und setzen Sie anschließend eine durchsichtige Pflanztasse darüber. Diese lässt weiterhin Licht durch, verhindert aber, dass Feuchtigkeit an die Umgebung verloren geht. Besonders im Winter sind diese Feuchtigkeitsspeicher eine große Hilfe. Alternativ können Sie das Gefäß mit den Keimlingen mit Plastikfolie bedecken, allerdings sollten die Pflanzen die Abdeckung nicht berühren, um ungehindert wachsen zu können.

- Bei trockener Raumluft kann auch ein häufigeres Besprühen mit Wasser über den Tag verteilt den gewünschten Nutzen erwirken. Doch aufgepasst: In unmittelbarer Nähe zu künstlichem Licht kann das Sprühwasser zu bräunlichen Verbrennungen an den Pflanzen führen. Erhöhen Sie den Abstand zur Lichtquelle um weitere 15 cm und benetzen Sie die Pflanze, im Falle einer Verbrennung, großzügig mit Wasser.

Drainage leicht gemacht: Legen Sie Steine auf den Boden Ihres Pflanzgefäßes und füllen Sie danach die Erde ein.

Verwenden Sie ein flaches bis mittelhohes Pflanzgefäß für Erbsenkeimlinge.

Keimlinge wachsen am besten, wann man sie dicht sät. Nicht gekeimte Samen entwickeln sich oft noch nach der ersten Ernte zu vollwertigen Keimlingen.

Komplikationen & Maßnahmen

Bedenkliche und unbedenkliche Begleiterscheinungen in der Keimlingkultur:

Noch nach Tagen keine Keimung

Da die Samen für gewöhnlich schnell keimen, ist dies ein ernstzunehmendes Problem. Der Grund dafür ist meist Wärmemangel. Durch Abdecken des Pflanzgefäßes werden zwar Feuchtigkeit und Wärme gespeichert, doch in manchen Fällen reicht das nicht aus. Eine Wärmematte aus dem Gartenmarkt kann hier Abhilfe schaffen (siehe Seite 95). Die rechteckigen Matten bewirken einen leichten Temperaturanstieg, der den Samen wohl bekommt. Sie können über mehrere Tage angesteckt bleiben, ohne den Samen zu schaden oder Ihre Küchentheke dabei in Brand zu setzen. Wenn die Keimung trotz Wärmematte bereits über eine Woche auf sich warten lässt, überprüfen Sie die Kompaktheit Ihrer Anzuchterde. In dichter, harter Erde können Samen nur schwer Boden gewinnen.

Schimmlige Stellen auf der Erde

Mögliche Ursachen hierfür sind unzureichende Belüftung, zu häufiges Gießen oder eine zu hohe Luftfeuchtigkeit. Oft sind nur Teile des Bodens betroffen. Setzen Sie die schimmelfreien Pflanzen in ein anderes Gefäß (entsorgen Sie den Rest) und lassen Sie die Erde ein wenig austrocknen, ehe Sie sie wässern. Warten Sie einige Tage mit der Ernte, um sicherzugehen, dass die Keimlinge gesund sind. Tritt der Schimmel erneut auf, entsorgen Sie die Kultur und setzen Sie frische Samen an. Bei besonders schwülem Wetter kann Feuchtigkeit schon unmittelbar nach der Aussaat zum Problem werden. Hier empfiehlt es sich, die Anzuchterde vorab nicht zu wässern, sondern die Samen auf trockenem Boden auszustreuen und erst nach erfolgter Keimung ordentlich zu gießen. Im Anschluss das Pflanzgefäß wie gewohnt abdecken.

Bräunliche Verdunkelungen an den Pflanzenenden

Die Keimlinge stehen zu nahe an der Lichtquelle, werden also gewissermaßen in ihrer Anzuchttasse gegrillt. Erhöhen Sie den Abstand um weitere 15 cm, schneiden Sie die braunen Spitzen ab und mit etwas Glück wächst die Pflanze weiter, als wäre nichts geschehen.

Keimlinge sehen gelb und kraftlos aus

Gelbfärbung ist ein Zeichen von Überwässerung, daher sollten Sie den Boden vor dem nächsten Gießen etwas austrocknen lassen. Schlaff herabhängende Keimlinge hingegen bekommen meist zu wenig Wasser oder signalisieren eine zu hohe Luftfeuchtigkeit. Stellen Sie die Tasse mit den Keimlingen ins kalte Wasserbad; sie sollten sich nach 5–10 Minuten wieder aufrichten. Denken Sie daran, dass Pflanzen genauso wie Menschen Sauerstoff zum „Atmen" benötigen. Drehen Sie die Ventilatoren also so, dass die stickige Luft um die Pflanztröge weggeblasen wird und Frischluft zirkulieren kann. Wenn sich die Keimlinge trotz Ihres Zutuns nicht aufrichten, sollten Sie sie vielleicht einfach ernten und verspeisen. Sie werden genauso schmackhaft und gehaltvoll sein, nur etwas weniger knackig.

Aufbewahrungslösungen

Keimlinge und Keimpflanzen werden am besten in luftdicht verschließbaren Gläsern aufbewahrt. Im Kühlschrank sind sie darin mehrere Wochen haltbar. Auch die zarten Erbsenkeimlinge bleiben bis zum Ende knackig. Sonnenblumenkeimlinge können ohne Weiteres für drei Wochen im Kühlschrank gelagert werden, ohne nur ein Quäntchen ihres Geschmackes einzubüßen. Puffmaiskeimlinge sind allerdings nicht so lange haltbar. Man sollte sie noch am Tag ihrer Ernte essen, ansonsten wird der seltsame Nachgeschmack stärker.

Keimlinge und Keimpflanzen, verkaufsfertig abgefüllt, sind gekühlt eine ganze Weile haltbar.

Ernte und Aufbewahrung

Bereitmachen für die Ernte

Für jede Sorte von Keimling gibt es den perfekten Erntezeitpunkt:

- Erbsenkeimlinge: Sie wachsen ziemlich hoch und buschig. Ich ernte sie meist mit einer Länge von 20–25 cm. Wenn Sie süßere, einheitlicher gewachsene Keimlinge bevorzugen, sollten Sie sie bereits mit circa 10 cm ernten, wenn sich die Keimblätter beginnen zu entfalten. Wenn Sie gern einen etwas buschigeren Ertrag und einen weniger süßen Erbsengeschmack haben wollen, lassen Sie die Pflänzchen auf 30 cm anwachsen. Länger sollten Sie jedoch nicht warten, denn dann werden die Keimlinge zu hoch und schwer für das dicht bepflanzte Gefäß und würden beginnen, sich zur Seite zu neigen. Zudem bekommen sie mit zunehmender Höhe einen leicht holzigen Geschmack.

Erbsenkeimlinge sind eine schmackhafte und optisch ansprechende Beilage zu Meeresfrüchten, wie diesen gebratenen Jakobsmuscheln.

Sie können heranwachsende Erbsenkeimlinge jederzeit ernten. Mit 20–25 cm, bevor sie richtig buschig werden, schmecken sie für gewöhnlich am besten. Diese jungen Erbsenkeimlinge sind erst wenige Zentimeter hoch, schmecken etwas süßer und haben eine recht einheitliche Größe.

- Sonnenblumenkeimlinge: Sie schmecken am besten, wenn man sie noch vor der Ausbildung der ersten echten Blätter einsammelt. Im Keimlingsstadium besitzen sie lediglich zwei Keimblätter, die schön knackig sind. Aus ihrer Mitte treten später die echten Blätter hervor, die mir aufgrund ihrer recht rauen Oberfläche weniger gut schmecken, auch wenn man sie ohne Weiteres essen könnte. Haben Sie den Erntezeitpunkt verpasst und die Primärblätter sind bereits zu sehen, schneiden Sie die Enden ganz einfach ab, um Geschmack und Aussehen eines originalen Sonnenblumenkeimlings wieder herzustellen. Bei der Ernte setze ich die Schere knapp über dem Boden an, denn die Stängel schmecken mindestens genauso gut wie die Blätter.

- Puffmaiskeimlinge: Am schmackhaftesten sind sie mit einer Länge von rund 15 cm. Schneiden Sie unbedingt auch etwas von den weiß-rosa Stielen mit ab, da darin der Geschmack am intensivsten ist. Längere Puffmaiskeimlinge machen sich wegen ihres lebhaft strahlenden Aussehens gut am Fensterbrett, allerdings entwickeln sie mit zunehmender Größe einen sehr grasigen Geschmack. Mit 25 cm haben Sie dann den gleichen Genusswert wie bei frisch geschnittenen Grashalmen aus Ihrem Vorgarten.

Als Hauptzutat in einer gemischten Salatschüssel bieten Erbsenkeimlinge mit ihrem kräftigen Geschmack eine solide Ergänzung zu würzigem Beinschinken oder Speck.

KRÄUTER

Kräutertöpfe, randvoll mit beliebten Klassikern wie Salbei und Koriander, zählen zu den Vorzeigeprojekten eines jeden Küchengärtners. Ich habe schon einige ganz tolle Arrangements gesehen, wie den „Kräutersugo-Gewürzkasten" mit Oregano, Thymian und Basilikum. Da die meisten Kräuter bei häufiger Ernte am besten gedeihen, sind sie perfekt geeignet für den Stellplatz in der Küche, wo sie regelmäßig getrimmt werden, um als schmackhafte Zutat allerlei Gerichte zu verfeinern.

In meinem Küchengarten verwende ich für jede Pflanze einen eigenen Topf, damit ich bei Insekten- oder Schimmelbefall die unversehrten Kräuter außer Reichweite bringen kann. Wenn ich ein geschmackvolles Geschenk vorbereiten möchte, pflanze ich verschiedene Kräuter in einer dekorativen Schale – der Duft, der dabei entsteht, wenn sich die Kräuter ineinanderflechten, ist einfach wunderbar.

Die meisten Kräuter sind sehr gut für die Zimmerkultur geeignet. Viele meiner Gärtnerkollegen topfen ihre Kräuter um,

Ein Kräutergarten am Fensterbrett ist ein Blickfang in jeder Küche. Hier wachsen Majoran, Rosmarin und Zitronenmelisse aus zusammenpassenden Porzellantöpfen.

Mit geringem finanziellen Aufwand lässt sich eine sonnige Fensterbank in eine Mini-Kräuterplantage verwandeln. Da man nur wenige Blätter auf einmal erntet, ist man mit ein paar reifen Pflanzen lange Zeit gut versorgt.

wenn es draußen ungemütlich wird, um den Anbau im Haus fortzusetzen.

Einige Kräuter, wie etwa Rosmarin, Oregano, Thymian und Salbei, lassen sich ganz leicht in den Küchengarten verpflanzen, indem man einen Zweig einer bestehenden Pflanze aus dem Garten abschneidet und ihn an seinem neuen Bestimmungsort ansetzt. Wenn Ihnen diese Idee gefällt, zwicken Sie mit der Gartenschere ein etwa 10 cm langes Zweigstück ab (gemessen von der Zweigspitze bis zum Stiel), entfernen Sie die Blätter an den unteren 2,5 cm des Stiels und stecken Sie den Zweig in einen Topf mit einer Anzuchtmischung aus Vermiculit. Achten Sie darauf, dass der Boden die erste Zeit über immer ein wenig feucht ist.

Ein feuchtes Mikroklima hilft den Pflanzen dabei, Wurzeln zu schlagen. Mit einer durchsichtigen Kunststoff- oder Glasabdeckung können Sie dafür sorgen, dass genug Feuchtigkeit im Gefäß bleibt und die Pflanze weiterhin ausreichend Licht erhält. Wichtig dabei ist, dass es zu keiner starken Hitzeentwicklung im Gefäß kommt, etwa durch direkte Sonneneinstrahlung. Sie sollten die Abdeckung deshalb von Zeit zu Zeit entfernen und die Pflanze auf die Veranda oder an einen anderen gut belüfteten Ort stellen, um ihr Gelegenheit zum Durchschnaufen zu geben.

Diese Strategie funktioniert auch bei Setzlingen aus dem Gartenmarkt, die bereits gut mit Temperaturschwankungen umgehen können. Immer wieder kommt es vor, dass Kräutersamen bei mir einfach nicht reifen wollen (du darfst dich ruhig angesprochen fühlen, Basilikum) und dann greife ich auf Setzlinge zurück, um mir einen Startvorteil zu verschaffen. Als ich mit dem Küchengärtnern begonnen habe, empfand ich es als große Erleichterung, die erste Hürde des Keimstadiums überspringen zu können, und pflanzte deshalb fast ausschließlich Setzlinge an. Mittlerweile macht es mir Spaß, die Samen selbst zu säen und ich habe mir eine Auswahl an Kräutern zurechtgelegt, die in meinem Küchengarten gut wachsen.

In diesem Kapitel werden wir uns also mit den Schritten von der Aussaat bis zur Ernte beschäftigen, damit Sie mit dem Kräuteranbau im Haus vertraut werden. Sollten Sie sich für Setzlinge oder einen Zweigschnitt entscheiden, ist ein Großteil der folgenden Informationen dennoch relevant, vor allem im Hinblick auf die Bewässerung und Temperaturtoleranz der Kräuter.

Einige Kräutersorten können aus Samen gezogen werden, andere lassen sich aus abgeschnittenen Zweigen reifer Gartenkräuter züchten.

Einträgliche Sorten für den Küchengarten

Viele Kräuter lassen sich wunderbar im Haus anpflanzen. Einige Sorten jedoch sind überraschend widerspenstig, wenn man sie aus Samen ziehen möchte. Hier finden Sie eine Auswahl an möglichen Kandidaten für Ihren Küchengarten, geordnet von wenig bis sehr anspruchsvoll.

Wenig anspruchsvoll

- *Pfefferminze und Grüne Minze:* Minze wächst flächendeckend und robust. Sie breitet sich gern in das Revier anderer Pflanzen aus und sollte daher zeitgerecht geerntet werden. Wenn Sie einen ergiebigen, intensiven Minzgeschmack bevorzugen, ohne große Mengen anbauen zu wollen, entscheiden Sie sich für Pfefferminze.

- *Zitronengras:* Hierfür werden keine Samen verpflanzt. Besorgen Sie sich einfach einen Zitronengrashalm im Lebensmittelladen oder Biomarkt, schneiden Sie die Spitze ab und setzen Sie den Stängel in ein Glas, das einige Zentimeter hoch mit Wasser gefüllt ist. Der Stängel wird Wurzeln bilden und neue Triebe sprießen lassen, von denen Sie ernten können.

- *Vietnamesischer Koriander:* Dieser ist leichter zu kultivieren als andere Koriandersorten, hat aber gleich viel Geschmack. Er wächst robust und kann über mehrere Monate hinweg beerntet werden.

- *Thymian:* Auch er freut sich über mehr Licht, deshalb stelle ich Thymian und Oregano oft nebeneinander, wenn möglich an einem Fenster, das nach Süden zeigt.

Aufwendiger, aber machbar

- *Petersilie:* Das Wachstum verläuft meist unauffällig, nur etwas langsamer als bei anderen Kräutern. Die Keimung kann jedoch Probleme bereiten. Im Regelfall sollte zwei Wochen nach der Aussaat ein erster Wachstumsschub zu erkennen sein.

- *Rosmarin:* Meine besten Rosmarinpflanzen wachsen aus abgeschnittenen Zweigen von meinem Rosmarinstrauch im Garten. Aber auch die Anzucht aus Samen ist nicht allzu schwierig. Gießen Sie Rosmarin nicht zu häufig, da er sich in trockenem Boden wohler fühlt, und wählen Sie eine Sorte, die gut für die Zimmerkultur geeignet ist, wie zum Beispiel „Blue Spire".

- *Oregano:* Ausreichend Licht ist hier das Mittel zum Erfolg. Mit einer separaten Lampe über dem Topf hat es die Pflanze ein paar Stunden länger hell als die anderen Kräuter. Acht Stunden am Tag sind optimal.

- *Kerbel:* Als eher weniger weit verbreiteter, aber wohlschmeckender Verwandter der Petersilie besitzt Kerbel eine sehr feine Geschmacksnote. Er fühlt sich an dunkleren Stellplätzen wohl und ist daher der ideale Kandidat für die schattigen Ecken im Küchengarten. Kerbel reagiert empfindlich, wenn die Raumtemperatur mehr als 21 °C beträgt. Werfen Sie also vor dem Pflanzen einen Blick aufs Zimmerthermometer.

Anspruchsvoll

- *Basilikum:* Basilikum ist als Gewürzzutat in der Küche allgegenwärtig, sodass man meinen könnte, er wäre dort auch ganz einfach anzubauen. Doch weit gefehlt: Die Samenaufzucht gestaltet sich extrem schwierig; am ehesten hat man mit Setzlingen aus der Gärtnerei Erfolg. Zudem fällt die typische Blätterpracht eines italienischen Basilikums in der Zimmerkultur weit weniger üppig aus, weshalb ich mich in der Regel für Sorten mit kleineren Blättern, wie „Dark Opal" oder Thai-Basilikum, entscheide.

- *Koriander:* Im Freien wächst er bemerkenswert gut, doch im Haus benötigt auch er ein erhöhtes Maß an Zuwendung. Da er den Übergang vom Garten ins Haus nicht gut verträgt, sollten Sie mit Samen oder Setzlingen vorliebnehmen. Der Boden muss wasserdurchlässig und nährstoffreich zugleich sein, was recht schwierig zu vereinbaren ist. Bis die Pflanze gut angewachsen ist, sollten Sie sie daher alle zwei Wochen düngen – doppelt so oft, wie andere Kräuter – und die Erde nur dann gießen, wenn sie sehr trocken wirkt.

- *Salbei:* Der Anbau ist recht einfach, solange man die Pflanze nicht durch zu häufiges Gießen ins Verderben schickt. Schon oft habe ich die langen, kräftigen Blätter angesehen und gedacht, ihnen würde ein wenig mehr Wasser guttun. Doch meistens habe ich sie damit in den Ertrinkungstod getrieben, weil sie bereits genug Feuchtigkeit aufgenommen hatten. Viele Kräuterexperten raten dazu, mit der ersten Ernte ausreichend lange zu warten – mitunter bis zu einem Jahr, damit die Pflanze Zeit hat, sich zu entwickeln. Die Anbaufläche in meiner Küche ist zu klein, als dass ich Pflanzen derart lange pflegen könnte, ehe sie etwas abwerfen. Aber ein kleiner Topf mit Salbei wächst auch bei mir zu Hause, damit ich immer ein paar getrocknete Blätter im Küchenschrank vorrätig habe.

Vorbereitung der Erde

Kräuter sind hinsichtlich der Drainage ziemlich anspruchsvoll. „Sie mögen keine nassen Füße", würde der erfahrene Gärtner sagen, denn die Wurzeln beginnen rasch zu faulen, wenn sie zu lange in feuchter Erde ausharren müssen. Jede Pflanzensorte, die in diesem Buch erwähnt wird (Sprossen ausgenommen), ist zu einem bestimmten Grad auf eine funktionierende Drainage angewiesen, doch Kräuter sind besonders anfällig für Wurzelfäule, da das Gießwasser in der feuchten Umgebungsluft (die sie zum Wachsen brauchen) nur sehr langsam auftrocknet.

Wasserabzugsschlitze im Gefäßboden reichen nicht aus, um die Situation zu entschärfen. Ein gewöhnlicher Topf mit Untertasse würde die Pflanze sogar in noch größere Gefahr bringen, weil sie darin im Wasserbad gefangen wäre. Es gibt mehrere Möglichkeiten, die Drainage zu verbessern. Einige Gärtner verwenden ein Substrat, das speziell für die Aufzucht von Kakteen entwickelt wurde, da es Wasser besonders schnell ableitet. Meiner Meinung nach ergibt aber auch eine einfache Mischung aus Sand und Vermiculit (im Verhältnis 1 : 4) ein hervorragendes Anzuchtmedium für Küchenkräuter.

Wenn Sie Kräuter aus dem Garten ins Haus holen, achten Sie darauf, die

Wenn Sie Kräuter aus Samen ziehen möchten, darf die Erde nicht zu kompakt sein. Lockern Sie sie bei Bedarf mit den Fingern auf.

Tassen, Töpfe und andere Gefäße

Auch wenn es den Anschein erweckt, ich würde mich zu sehr auf die Wichtigkeit einer guten Drainage versteifen, weise ich nun nochmals darauf hin, dass ein funktionierender Wasserabzug im Kräuteranbau unabdingbar ist. Es ist ein Faktum, dass Kräuter äußerst schlecht gedeihen, wenn ihre Wurzeln im Wasser stehen, daher wählen Sie ein Gefäß, aus dem das Wasser gut abfließen kann.

Natürlich können Sie versuchen, Koriander in der Brotdose aus Ihrer Grundschulzeit anzupflanzen und Petersilie aus einer unbenützten Schreibtischlade oder einem anderen kuriosen Gefäß wachsen zu lassen, doch vergessen Sie nicht darauf, Löcher in den Boden zu bohren und vielleicht ein paar Steine hineinzulegen, damit Sie auch lange etwas von Ihren Kräutern haben.

Hinsichtlich des Materials gibt es keine Einschränkungen. Lediglich bei Terrakotta wäre ich vorsichtig, da die Pflanzen darin schneller austrocknen und es dementsprechend schwieriger ist, den Wasserbedarf abzuschätzen.

Aufgrund der begrenzten Stellfläche in meiner Küche verwende ich gern etwas kleinere Töpfe und erst dann, wenn die Kräuter zu weit über den Topfrand hinauswachsen oder ich sie etwas buschiger haben möchte, pflanze ich sie in ein größeres Gefäß um.

Gartenerde, so gut es geht, abzuschütteln und vorsichtig von den Wurzeln zu klopfen. Etwas Erde wird immer haften bleiben, doch wenn Sie den Großteil entfernen können, ist das Risiko, mit Krankheiten oder Insekten konfrontiert zu werden, bedeutend geringer.

Für welche Anzuchterde Sie sich auch entscheiden, eine regelmäßige Bearbeitung des Bodens ist eine effektive Maßnahme, um Staunässe entgegenzuwirken. Nehmen Sie ganz einfach eine Küchengabel und lockern Sie den Boden im Pflanzgefäß etwa einmal im Monat behutsam auf. Bewegen Sie sich dabei hauptsächlich am Rand des Gefäßes entlang, um die Wurzeln nicht zu verletzen.

Aussaat und Pflege

Erste Schritte

Bereiten Sie das Gefäß und die An-zuchterde vor (siehe Seiten 27–35) und mischen Sie etwas Wasser unter die Erde, um sie leicht anzufeuchten. Dadurch kön-nen Sie verhindern, dass die Samen beim ersten Gießen auseinanderdriften.

Nach allgemeiner Empfehlung sollte man Samen ein- bis dreimal so tief pflan-zen, wie sie groß sind. Für mich bedeutet das, dass ich winzig kleine Samen nur ganz leicht in die Erde drücke und sie danach mit ein paar Körnchen Vermiculit bedecke, und größere Samen vielleicht 1–2 cm tief setze und etwas großzügiger bedecke.

Gießen Sie die Aussaat leicht an und verschließen Sie das Pflanzgefäß mit her-kömmlicher Plastikfolie. Auf diese Weise werden Erde und Samen warmgehalten und der Keimungsprozess wird angekur-belt. Platzieren Sie den Kräutertopf an einem sonnigen Stellplatz oder unter einer Gewächslampe und entfernen Sie die Folie, sobald die ersten Sprossen zu erkennen sind.

Wachstum fördern

Einige Kräuter verlangen nach besonde-ren Pflegemaßnahmen, doch mit den un-ten angeführten Tipps für ein gesundes Pflanzenwachstum kann man die meisten von ihnen zufriedenstellen.

- Behandeln Sie Kräuter etwa alle zehn Tage mit verdünntem Fischdünger (wahlweise ein anderes organisches Düngemittel, wie Guano, Pflanzen-jauchen, Kompost-Tee etc.). Einmal, als ich keinen zu Hause hatte, habe ich Seetang für ein paar Stunden in heißem Wasser eingeweicht und das ausgekühlte Wasser auf die Pflanzen

Kräutersamen müssen nicht tief verpflanzt werden. Es genügt, sie ein wenig in die Erde zu drücken.

gesprüht. Dieser „Plan B" ist natürlich nur dann praktikabel, wenn Sie einer jener Menschen sind, die gerade zufällig getrockneten Seetang im Vorratsschrank haben.

- Kräuter lieben eine hohe Luftfeuchtigkeit. Um diese herbeizuführen, lege ich ein paar Steine in eine leere Anzuchttasse und befülle diese bis 6 cm unter den Rand mit Wasser. Dann stelle ich den Kräutertopf darauf, ohne dass er am Wasser aufliegt. Durch die Verdunstung wird die Luft um die Pflanze herum angenehm feucht. Diese Taktik hat sich besonders im Winter bewährt.

- Verwöhnen Sie Ihre Kräuter, indem Sie sie alle paar Tage mit dem Wasserzerstäuber „duschen". Das hält sie feucht und macht sie widerstandsfähiger gegen Insektenbefall, beispielsweise durch Blattläuse und Spinnmilben.
- Wässern Sie die Pflanzen von unten, nicht über die Blätter. Auf diese Weise erhalten Ihre Kräuter die Menge an Feuchtigkeit, die sie benötigen, und Stiele und Blätter werden durch das Gießwasser nicht zu Boden gedrückt.

Fischdünger, mit Wasser verdünnt, oder andere organische Düngemittel sind ideale Kraftspender für Pflanzen jeder Art.

Komplikationen & Maßnahmen

Bedenkliche und unbedenkliche Begleiterscheinungen im Kräuteranbau:

Langsames Wachstum und schlechte Keimung

Kräuter benötigen mindestens fünf Stunden Licht am Tag, um gesund zu bleiben. Ein Stellplatz im direkten Sonnenlicht ist ideal (solange die Hitze nicht zu groß wird), doch während der Wintermonate nicht immer ausreichend. Wächst die Pflanze ungewöhnlich langsam, sorgen Sie dafür, dass die Kräuter bis zu 14 Stunden Licht am Tag bekommen.

Braun gefleckte, welk aussehende Blätter

Wenn die Kräuter zu knapp unter der Gewächslampe stehen, deuten braune Flecken auf einen „Sonnenbrand" hin. Der Abstand zur Lichtquelle sollte bei Kräutern mindestens 15–20 cm betragen, gemessen von der Lampe bis zur Pflanzenspitze.

Braun- oder Gelbfärbungen an den Blättern treten bei einigen Kräutern, wie etwa dem Salbei, recht häufig in Erscheinung. Meist ist eine zu direkte Hitzeeinwirkung die Ursache dafür.

Weißlicher Flaum am Boden

Was Sie sehen, könnte die natürliche Keimung der Samen sein oder aber der Anfang eines unangenehmen Schimmelproblems. Überprüfen Sie die Feuchtigkeit im Boden – wenn Sie einen Finger in die Erde stecken und sofort Nässe spüren, deutet dies auf Überwässerung hin. Isolieren Sie die Pflanze, lassen Sie sie trocknen und entfernen Sie die schimmligen Stellen. In vielen Fällen lässt sich jedoch ein Neustart nicht mehr vermeiden.

Weiche, substanzlose Stiele

Diese sind ein weiteres Indiz für zu häufiges Gießen. Mit beginnender Wurzelfäule verlieren die Stiele zunehmend an Substanz. Begleitend dazu ist meist ein modriger Geruch wahrzunehmen, der sich unter das Kräuteraroma mischt.

Fortgeschrittener Schädlingsbefall

Es ist ziemlich schmerzlich, wenn man sich über seinen Kräutertopf beugt, um ein paar hübsche Blätter fürs Abendessen abzuschneiden, und dann feststellen muss, dass sich bereits jemand anderes am Kräuterbusch zu schaffen macht. Isolieren Sie die Pflanze umgehend und besprühen Sie sie mit einer Lösung aus milder Flüssigseife (z. B. „Dr. Bronner's") und Wasser. Die Behandlung sollte in den Abendstunden erfolgen, da starkes Sonnenlicht die benässte Pflanze austrocknen kann.

Ernte und Aufbewahrung

Bereitmachen für die Ernte

Kräuter werden je nach Sorte unterschiedlich geerntet, doch als Faustregel gilt: Wählen Sie zuerst die älteren, groß gewachsenen Blätter und lassen Sie jene Stellen, an denen neue Triebe entstehen, unberührt. So verlängern Sie die Lebensdauer Ihrer Kräuter und sorgen für ein kontinuierliches Wachstum.

Beginnt eine Pflanze zu blühen, sollten Sie die blühenden Stellen ehestmöglich abschneiden, da diese das Ende der Wachstumsphase einleiten (ein Vorgang, der in der Fachsprache als „Schossen" bezeichnet wird). Indem Sie die Blüten entfernen, bringen Sie Ihre Kräuter dazu, noch länger Blätter auszubilden.

Vergessen Sie nicht, dass auch die Stiele meist reich an Geschmack sind. Koriander beispielsweise trägt in seinen Stielen das gleiche, intensive Geschmacksaroma wie in seinen breit gefiederten Blättern.

RICHTIG: Ernten Sie ältere, ausgereifte Blätter am äußeren Teil der Pflanze.

FALSCH: Anders als in der Abbildung angedeutet, sollten Sie neu gebildete, junge Blätter entlang des Pflanzenstammes aussparen.

Zusammengebundene Kräuter können direkt über der Küchenarbeitsfläche getrocknet werden.

Aufbewahrungslösungen

Aufgrund meiner kürzlich entwickelten Vorliebe für Selbstgemachtes habe ich begonnen, verschiedene Möglichkeiten auszuprobieren, um meine Erzeugnisse länger haltbar zu machen – von eingemachtem Kohl bis hin zu gedörrtem Sellerie. Verglichen mit Artischocken ist die Konservierung von Kräutern ein Kinderspiel.

Am wenigsten aufwendig ist das Haltbarmachen durch Trocknen. Legen Sie die Kräuter zu einem Bündel zusammen, befreien Sie die unteren 2,5 cm der Stiele von Blättern, verschnüren Sie das Bündel mit einem festen Bindfaden oder Gummiband und hängen Sie es verkehrt an einem trockenen, kühlen Ort auf. In einem Teil meines Kellers hat sich dank der nunmehr zahlreichen „hängenden Kräuter" ein zauberhafter Duft entwickelt. Zerbröseln Sie die Kräuter, wenn

sie vollständig getrocknet sind, und füllen Sie sie in ein Glas oder lassen Sie die Bündel noch eine Zeit lang hängen. Bei der weiteren Verarbeitung besteht kein Grund zur Eile.

Eine andere Art, Kräuter zu konservieren, ist das Einlegen in Olivenöl. Geben Sie Zweige und Blätter verschiedener Kräuter wie Basilikum, Thymian und Oregano in ein trockenes Einmachglas, fügen Sie andere Geschmackszutaten (z. B. Knoblauch) hinzu und füllen Sie das Glas mit Olivenöl auf, bis die Zutaten vollständig bedeckt sind. Nach etwa sechs Wochen ist der Geschmack ins Öl übergetreten und Sie können die Kräuter entnehmen.

Fein gehackt lassen sich Kräuter wunderbar in Honig einlegen. Bedecken Sie die Kräuter vollständig und warten Sie sechs Wochen, bis der Honig den

Geschmack angenommen hat. Diesmal brauchen Sie nicht versuchen, die Kräuter zu entnehmen. Der Honig schmeckt wunderbar auf Toast und wird auch gern als Kraftspender für zwischendurch gelöffelt, besonders wenn er einen hohen Anteil an Heilkräutern enthält.

Alles in allem sorgen Kräuter mit ihren herausragenden Eigenschaften für langanhaltende Freude im Küchengarten. Selbst wenn Sie nur zwei, drei Sorten anbauen, können Sie Ihre Speisen damit geschmacklich aufwerten. Für die ausgelaugten, kraftlosen Kräuter, die im Supermarkt als „frische Ware" angeboten werden, habe ich mittlerweile nur noch mitleidige Blicke übrig. Zu wissen, dass meine Kräuter erst zehn Minuten vor dem Verzehr geerntet werden – und das

das ganze Jahr hindurch, immer mit dem gleichen Maß an Frische –, macht mich schon ein wenig stolz.

Sie müssen schon eine ganze Menge Wohnraum bepflanzen, um das ganze Jahr über Basilikum-Pesto genießen zu können. Doch wenn Sie frisches Pesto mögen, wird sich der Platz finden lassen.

Kräuter sind wie geschaffen zum Garnieren. Thymian passt hervorragend zu Gerichten mit Ei, und Rosmarin sorgt für eine wunderbare Geschmackskombination in dieser nahrhaften Karottensuppe.

WEIZENGRAS & KATZENGRAS

Als ich Weizengras noch nicht selbst anbaute, schien es mir ein Relikt der 1970er-Jahre zu sein, als Hanfburger, Glockenhosen und Paisleymuster voll im Trend lagen. Da ich genau diese drei Dinge unlängst im Einkaufszentrum entdeckt habe, wage ich zu behaupten, dass Altbewährtes wieder stark im Kommen ist.

Jene Menschen, denen die Pflanze ans Herz gewachsen ist, wissen natürlich, dass Weizengras nicht ausschließlich mit Flower-Power und Entsaften in Verbindung gebracht werden darf. Tatsächlich hat Weizengras in den vergangenen Jahrzehnten kaum an Beliebtheit eingebüßt. Die Gründe dafür sind zahlreich.

Weizengras werden viele nützliche Eigenschaften nachgesagt, etwa im Kampf gegen Krebs oder im Erhalt eines jugendlichen Aussehens ohne operativen Eingriff. Einige dieser Behauptungen konnten mittlerweile wissenschaftlich belegt werden. Die US-amerikanische Mayo Clinic, eine der führenden Gesundheits- und Forschungseinrichtungen, hat festgestellt, dass Weizengras hoch konzentrierte Mengen an Eisen, Kalzium, Magnesium,

Weizengras wird in erster Linie als Zutat in Säften und Smoothies konsumiert. Wer von der gesundheitsfördernden Wirkung des Grases überzeugt ist, kann es auch ganz einfach im Mixer pürieren und sich ein Glas davon, wie jenes oben im Bild, einverleiben.

Aminosäuren, Chlorophyll, Vitamin A, C und E enthält. Wenngleich es bis dato keine aussagekräftigen Forschungsstudien zum gesundheitlichen Nutzen der Pflanze gibt, befürwortet die Mayo Clinic die Ergebnisse einzelner Untersuchungen, wonach der Verzehr von Weizengras die Immunabwehr stärken, den Körper entgiften und schädliche Bakterien im Verdauungstrakt abtöten kann.

Hinsichtlich des Genusswerts wird es Sie wohl nicht überraschen zu erfahren, dass die Pflanze recht grasig schmeckt. Ich fühle mich ein wenig wie eine Ziege auf Saftkur, wenn ich ein Glas püriertes Weizengras trinke. Doch ich muss eingestehen, dass der vorausgesagte Energieschub bereits nach zehn Minuten zu spüren ist. Alternativ können Sie Weizengras in frisch gepresste Gemüsesäfte und Smoothies mixen und so den grasigen Geschmack vermeiden.

Das Beste an Weizengras ist sicherlich sein einfacher Anbau. Ich werde in diesem Kapitel auch auf Katzengras zu sprechen kommen, da die Anbauweise die gleiche ist und Katzengras auf den tierischen Organismus genauso positiv wirken soll wie Weizengras auf den des Menschen. Ich habe schon von vielen Gärtnern gehört, dass sie Katzengras anstelle von Katzenminze anbauen, weil das Gras Verdauungsschwierigkeiten entgegenwirkt und die Katze sanftmütig stimmt. Wenn Sie einen Topf mit Katzengras in Ihrem Küchengarten in vorderster Reihe platzieren, stehen die Chancen gut, dass sich die Hauskatze daran zu schaffen macht und das Interesse an den anderen Pflanzen verliert.

Besonders Hauskatzen profitieren von der verdauungsfördernden Wirkung von Katzengras. Wenn Sie die Pflanze geschickt positionieren, kann es Ihnen gelingen, Ihre Katze von den restlichen Pflanzen in Ihrem Küchengarten fernzuhalten.

Einträgliche Sorten für den Küchengarten

Weizengrassamen sind als Sprießkornweizen zum Beispiel im Reformhaus erhältlich. Konventionelle Weizenkörner sind meist nicht mehr keimfähig und deshalb für den Anbau ungeeignet.

Katzengras fällt ebenfalls in die Gruppe der Süßgräser und kann sowohl aus Weizen- als auch aus Hafersamen angebaut

Biologische Weizengrassamen in Großbildaufnahme

werden. Mit dem Gras nehmen die Tiere mehr grobe Nahrung zu sich, wodurch die Ausscheidung von unverdaulichen Haaren, die während der Fellreinigung in den Verdauungstrakt gelangen, erleichtert wird.

Katzengras und Weizengras können also ein und dasselbe sein, doch man ist gut beraten, wenn man zwei Töpfe an unterschiedlichen Stellplätzen bepflanzt, um die Katze davon abzuhalten, die gesamte Weizengraskultur für sich zu beanspruchen.

Katzengras kann aus der gleichen Saat wie Weizengras oder alternativ aus Hafersamen gezogen werden.

Konservendosen sind gewiss nicht das sicherste Pflanzgefäß, doch es spricht nichts dagegen, Weizengras daraus wachsen zu lassen.

Tassen, Töpfe und andere Gefäße

Da Weizengras und Katzengras sehr geradlinig wachsen, verwende ich gern flache Anzuchttassen mit Drainageschlitzen im Boden, denn diese bieten die größtmögliche Anbaufläche. Sie können natürlich auch mit einer kleineren Kultur beginnen und dafür beispielsweise einen der durchsichtigen Plastikbehälter verwenden, in denen Beeren im Supermarkt verkauft werden.

Diese Behälter sind perfekt geeignet, weil sie bereits Löcher im Boden haben und keinen großen Stellplatz benötigen. Durch den farblosen Plastikrand kann man beobachten, wie das Wurzelsystem heranwächst – ein beeindruckendes Schauspiel, das leidenschaftliche Gärtner in Staunen versetzt und zweifelsohne auch coole Kids für das Gärtnern begeistern wird.

Weizengras wächst sehr buschig und kann in flachen Kunststofftassen angebaut werden. Einige Gras-Liebhaber greifen gern auf durchsichtige Gefäße zurück, um das eindrucksvolle Wurzelwachstum mitverfolgen zu können.

Sie können nahezu jedes beliebige Behältnis nehmen, um darin Weizengras anzubauen. Wenn die Rahmenbedingungen stimmen, sprießt das Gras derart schnell in die Höhe, dass viele der Gefahren, die eine unzureichende Drainage bereithält, gar nicht erst in Erscheinung treten.

Für welches Behältnis Sie sich auch entscheiden, mit einer guten Drainage werden Sie die besten Wachstumsergebnisse erzielen. Allerdings beharre ich dieses Mal nicht darauf, dass Abzugslöcher im Boden unbedingt notwendig sind. Ich habe Weizengras bereits aus alten Kuchenformen, gläsernen Auflaufformen (mit Blick auf das Wurzelsystem) und anderem Geschirr wachsen sehen und es ist prächtig gediehen. Zu erklären ist das dadurch, dass Weizengras, sobald sich die Keimlinge ausgebildet haben, ziemlich robust ist und schnell an Höhe gewinnt. Das Risiko einer beginnenden Wurzelfäule durch wochenlanges Überwässern ist demnach äußerst gering.

Vorbereitungsschritte

Wenn Sie Sprossengemüse (wie Alfalfa, Brokkoli, Bohnensprossen etc.) zu einem festen Bestandteil Ihrer Ernährung machen wollen, sollten Sie darüber nachdenken, sich ein Keimgerät anzuschaffen. Es muss nicht gleich ein automatisches Keimsystem sein; herkömmliche Keimer sind bereits für weniger als 20 Euro zu haben. Manche davon verfügen über mehrere Anzuchtschalen, die aufeinander gestapelt werden und so für eine ausgeglichene Wasserverteilung sorgen. Viele davon eignen sich für den Anbau von Weizengras, und sogar Keimpflanzen können darin ganz ohne Anzuchterde gezüchtet werden. Eine sehr praktische Lösung ist der Keimbecher *Easy-Sprout*. Er sieht aus wie ein Plastiktrinkbecher, besitzt jedoch in seinem Inneren ein Samensieb und eine Auffangschale für überschüssiges Gießwasser.

Mir macht es mehr Freude, mein Weizengras auf Vermiculit, vermengt mit ein wenig Komposterde, anzubauen. Dabei ist es hilfreich, die Samen vor dem Pflanzen in Wasser quellen zu lassen. Bitte beachten Sie, dass hierfür mehrere Schritte erforderlich sind:

- Befüllen Sie eine Schüssel mit dreimal so viel Wasser, wie Sie Samen vor sich haben. Die Samen werden einen Teil des Wassers aufnehmen.
- Bedecken Sie die Schüssel mit einem Geschirrtuch oder einer Plastikfolie und lassen Sie die Samen etwa acht Stunden bzw. über Nacht quellen.
- Seihen Sie das Wasser ab und spülen Sie die Samen so lange, bis klares Wasser aus dem Sieb abfließt. Befüllen Sie die Schüssel erneut und lassen Sie die Samen noch einmal acht Stunden zugedeckt quellen.
- Seihen Sie die Samen ab, spülen Sie sie ein weiteres Mal und legen Sie sie – richtig geraten – für eine weitere Runde ins Wasserbad. Das dritte Mal ist entscheidend, denn es bringt die Samen zum Sprießen.
- Nach dem dritten Mal Quellen, seihen Sie das Wasser ab und spülen Sie die Samen ein letztes Mal sauber. Feine, flauschige Härchen sollten nun aus der Samenhülle herausragen. Sie stellen die Wurzeln der Pflanze dar.

Durch das Einweichen der Weizenkörner in Wasser wird die Keimung herbeigeführt.

In der Vorbereitung der Anzuchterde ist es manchmal hilfreich, die Erde anzufeuchten, besonders dann, wenn die Luft in Ihrem Haus recht trocken ist.

Beim Einrühren des Wassers sollten Sie sich an die Konsistenz von Butterstreuseln herantasten. Wenn Sie eine Handvoll davon in Ihrer Faust zusammendrücken und nur wenige Tropfen Wasser austreten, ist die Mischung perfekt. Wenn das Wasser als Strahl abrinnt, müssen Sie noch etwas trockene Erde einrieseln lassen. Für den Anbau von Weizengras ist nur eine dünne Schicht Anzuchterde erforderlich, und durch die Beigabe von Vermiculit können Sie die Drainage verbessern.

Aussaat und Pflege
Erste Schritte

Wenn Sie einen Topf oder eine Tasse mit Drainagelöchern verwenden, legen Sie ein Papiertuch (Küchenkrepp) auf den Gefäßboden, ehe Sie die Erde auftragen. So vermeiden Sie, dass die Wurzeln durch die Löcher wachsen und an der darunterliegenden Stellfläche anhaften. Manchmal vergesse ich auf das Papier, und wenn ich meine Pflanzen dann auf einem Kuchengitter oder ähnlich geriffeltem Untergrund stehen habe, muss ich die Weizengraswurzeln am Ende mit den Fingerspitzen aus dem Gitter herauslösen.

Bedecken Sie das Papier mit einer ebenen, etwa 5 cm dicken Erdschicht.

Drücken Sie den Boden nicht zu fest an, da sich die Erde sonst verdichtet.

Streuen Sie die Samen gleichmäßig über dem Boden aus. Wie Keimpflanzen und Keimlinge sollte auch Weizengras dicht gesät werden, um die Ernte zu erleichtern und die Anbaufläche voll auszunutzen. Drücken Sie die Samen leicht am Boden an, ohne sie unter der Erde verschwinden zu lassen. Zum anschließenden Befeuchten der Aussaat verwende ich für gewöhnlich einen Zerstäuber, da beim Gießen von oben schnell zu viel Wasser ins Gefäß schwappt.

Legen Sie eine zweite Anzuchttasse, einen gewölbten Kunststoffdeckel oder ein paar Bögen nasses Zeitungspapier mit eingestochenen Luftlöchern auf das Pflanzgefäß, um den Samen ein geschütztes Wachstumsmilieu zu bieten. Die Zeitungspapier-Methode bringt etwas Unordnung in den Küchengarten, und ich

Wenn Sie eine Anzuchtschale mit Drainagelöchern verwenden, legen Sie die Schale mit Küchenkrepp aus, damit die Wurzeln nicht durch die Löcher hindurchwachsen.

mache auch nur beim Anbau von Weizengras Gebrauch davon, da Getreidesamen besonders gut darauf ansprechen.

Besprühen Sie die Aussaat während der ersten Tage zweimal täglich mit Wasser, damit der Boden feucht bleibt, sich jedoch nicht zu sehr vollsaugen kann. Auch das Zeitungspapier sollte dabei mitbefeuchtet werden. Sobald die Enden der Halme beginnen, gegen die Zeitung zu drücken, tauschen Sie das Papier gegen eine höhere Abdeckung, wie etwa eine umgedrehte Anzuchttasse oder einen gewölbten Kunststoffdeckel, aus.

Nach drei bis fünf Tagen ist das Weizengras in etwa 5 cm hoch und die Abdeckung kann entfernt werden. Der leichte Gelbstich der Pflanzen wird sich mit etwas Licht rasch in ein sattes Grün umwandeln.

Ein halbschattiger Stellplatz, der nicht direkt von der Sonne angestrahlt wird, ist ab diesem Zeitpunkt ideal. Direktes Sonnenlicht führt oft zu Verbrennungen an den Halmen und sollte daher gemieden werden.

Das Gras wächst geradlinig nach oben und ähnelt einem dicht gewebten, tiefgrünen Hochflorteppich. Die Ernte kann fünf bis zehn Tage nach der Aussaat erfolgen, je nachdem, welche Reifestufe Sie bevorzugen. (OBEN) Wenn die Weizenkörner dreimal gequollen sind und die Anzuchterde richtig vorbereitet wurde, sollten sich nach drei bis fünf Tagen Sprossen ausgebildet haben. (UNTEN)

Wachstum fördern

Einer der größten Vorzüge von Weizengras ist seine einfache Pflege. Sie können Pflanzen und Erde mit einem Bio-Dünger aus Seetang (Kelp) düngen, wenn es notwendig erscheint, doch ansonsten reicht es, den Boden einmal am Tag großzügig mit Wasser zu besprühen. Hier sind ein paar Tipps, wie Sie den Ertrag Ihrer Weizengraskultur steigern können.

- Bepflanzen Sie mehrere Tassen im Abstand von wenigen Tagen, sodass Sie immer genug Gras zum Entsaften haben. Weizengras ist bei Weitem nicht so ausgiebig, wie zum Beispiel Karotten oder Rote Bete, weshalb Sie für die Saftherstellung mitunter eine ganze Tasse auf einmal benötigen. Sie sollten versuchen, Ernte- und Wachstumszyklus aufeinander abzustimmen, um immer eine Tasse mit erntereifem Weizengras zu haben, während die Samen in einer zweiten (und eventuell dritten) Tasse noch wachsen und eine Schüssel mit eingeweichten Weizenkörnern für den Nachschub bereitsteht.
- Wenn Sie vorhaben, Ihr Weizengras im Kühlschrank aufzubewahren, anstatt es im Entsafter oder Mixer trinkfertig zu machen (siehe Aufbewahrungslösungen auf Seite 81 für mehr Information dazu), sollten Sie es mindestens zwölf Stunden vor der Ernte nicht gießen oder besprühen. Sie können den Boden bei Bedarf etwas anfeuchten, doch achten Sie darauf, dass die Halme trocken bleiben. Jede auch noch so kleine Menge an Feuchtigkeit würde die Pflanzen im Kühlschrank rasch verderben lassen.
- Sorgen Sie für eine stetige Luftzufuhr, besonders bei feuchtem Wetter. Eine fehlende Belüftung, gepaart mit zu häufigem Gießen und zu hoher Luftfeuchtigkeit, kann rasch zu Schimmel im Pflanzgefäß führen. Geschickt positionierte Tischventilatoren sind eine ausgezeichnete Präventivmaßnahme. Schimmel lässt sich am Ansatz der Grashalme am leichtesten erkennen; er wächst wie ein zarter Wattebausch um die Stiele herum. Wenn das passiert, entfernen Sie alle befallenen Halme und warten Sie mit der Ernte so lange, bis Sie sicher wissen, dass der Rest der Tasse schimmelfrei ist. Da Weizengras roh verzehrt wird, ist es umso wichtiger, darauf zu achten, dass keine Schimmelsporen am Gras haften.

Komplikationen & Maßnahmen

Bedenkliche und unbedenkliche Begleiterscheinungen im Weizengrasanbau:

Nur ein paar der Samen keimen

Beim Einweichen der Samen müssen diese genügend Platz zum Quellen und Keimen haben. Wenn ein Teil meiner Weizengrassamen nicht keimt, liegt das meist daran, dass ich zu viele davon in die Schüssel gelegt habe und sie keinen Platz hatten, um sich zu entwickeln. Eine zweite Möglichkeit wäre, dass die Samen bereits zu alt sind. Für ein üppiges Beet sind sehr viele Saatkörner nötig, weshalb es aus Kostengründen oft sinnvoll ist, eine Großpackung Weizengrassaat zu kaufen. Wenn Sie allerdings mit Ihrem Projekt in Verzug geraten und die Samen älter werden, kann es passieren, dass ihre Keimfähigkeit nachlässt.

Gekeimte Samen entwickeln sich in der Tasse nicht weiter

Dieses Problem tritt meist dann auf, wenn ich die Samen nach dem Einweichen nicht ordentlich spüle. Halten Sie die Samen im Sieb so lange unter fließendes Wasser, bis das Wasser am Ende klar abrinnt. Wenn Sie diesen Schritt vernachlässigen, beginnen die Weizenkörner im Wasserbad zu gären. Samenfäule und ein stark vermindertes bis ganz ausbleibendes Wachstum sind die zu erwartenden Folgen.

Träges Pflanzenwachstum

Weizengras wird für sein schnelles Wachstum hoch geschätzt. Wenn Sie bereits seit Tagen auf den Beginn des Zaubers warten, können Sie davon ausgehen, dass etwas schiefgelaufen ist. Vergewissern Sie sich, dass der Boden feucht genug, aber nicht zu stark aufgeweicht ist und dass das Pflanzgefäß im Halbschatten ausreichend indirektes Licht abbekommt. Mögliche andere Ursachen sind eine zu dichte Aussaat, zu niedrige Raumtemperatur oder unzureichende Belüftung. Versuchen Sie es mit einer Wärmematte unter der Anzuchttasse und einem Tischventilator, den Sie nahe am Gefäß – jedoch nicht direkt auf die Pflanzen gerichtet – positionieren. Wenn diese Maßnahmen das Wachstum nicht beschleunigen, konkurrieren wahrscheinlich zu viele Weizengrashalme um einen Platz an der Spitze, und Sie sollten sich vornehmen, beim nächsten Mal nicht ganz so dicht zu säen.

Das Gras bleibt gelb, trotz Entfernen der Abdeckung

Wenn die Pflanzen gelb bleiben, erhalten sie meist nicht genug Licht, um mithilfe der Photosynthese eine gesunde, grüne Farbe zu erlangen. Sie wären dennoch essbar, wenngleich weniger nährstoffreich als grünes Weizengras. Schaffen Sie Abhilfe, indem Sie das Pflanzgefäß an einen helleren Ort stellen, etwa neben ein Fenster oder ins indirekte Licht einer Leuchtstofflampe.

Braune, ausgedörrte Spitzen

Im Gegensatz zur Gelbfärbung werden braune Spitzen meist durch zu viel Licht verursacht, wenn das Weizengras beispielsweise unter einer Leuchtstofflampe oder am Fenster in der vollen Sonne steht und regelrecht „gegrillt" wird. Die Gefahrenquelle wird oft nicht erkannt, da man meist morgens das Haus verlässt und nicht mitverfolgen kann, wie die Lichtstrahlen bis zum Abend durch das Haus wandern. Der schattige Stellplatz, an dem sich die Pflanzen am Morgen befinden, wird zur Mittagszeit womöglich direkt von der Sonne angestrahlt und liegt wieder außerhalb des Lichtkegels, wenn man von der Arbeit nach Hause kommt. Ein wenig Sonne schadet nicht und kann in manchen Fällen dabei helfen, den unangenehmen Gelbstich loszuwerden, doch zu viel davon bringt Ihre Ernte in Gefahr.

Schimmel so weit das Auge reicht

Wir haben uns in den vergangenen Kapiteln bereits ein wenig mit diesem Thema befasst, doch da sich Schimmel in einigen Weizengraskulturen äußerst hartnäckig hält, möchte ich an dieser Stelle weitere Strategien zur Vorbeugung und Bekämpfung von Schimmel anführen:

- Verringern Sie die Einweichdauer der Samen auf sechs Stunden, wenn die Luftfeuchtigkeit in Ihrem Haus hoch ist.
- Wenn das Schimmelproblem bei mehreren Anlaufversuchen immer wieder auftritt, träufeln Sie beim Einweichen der Samen etwa zehn Tropfen Grapefruitkernextrakt oder Zitrusextrakt ins Wasser.
- Stellen Sie das Pflanzgefäß an einen kühleren Ort, zum Beispiel in den Keller. Richten Sie Lampen und Ventilatoren am neuen Stellplatz aus.
- Warten Sie mit der nächsten Aussaat auf kühleres Wetter. In den Frühlings- und Herbstmonaten ist die Luftfeuchtigkeit meist deutlich geringer und Sie können große Mengen an Weizengras anbauen, um den Saft für die Sommermonate einzufrieren (siehe Aufbewahrungslösungen auf der nächsten Seite).

Ernte und Aufbewahrung

Bereitmachen für die Ernte

Sie können das Gras zu jedem beliebigen Zeitpunkt seiner Wachstumsphase
ernten. Wagen Sie einen Selbstversuch
und finden Sie heraus, ob Ihnen junges
Weizengras mit einer Höhe von 8–10 cm
oder ausgereiftes Gras mit rund 15 cm
Höhe besser schmeckt.

Sobald sie ausgereift sind, spalten
sich die Grashalme und ein zweiter Halm
wächst aus dem ersten empor. Für gewöhnlich wird das Weizengras zu diesem
Zeitpunkt geerntet, da es im weiteren
Wachstumsverlauf einen holzigen Geschmack annimmt und die Stiele beginnen, sich gelb zu verfärben, als Folge des
einsetzenden Nährstoffverlustes.

Um zu ernten, umfassen Sie ein
Büschel Weizengras mit Ihrer Hand und
schneiden Sie die Halme knapp über den
Wurzeln ab. Sie müssen nicht die ganze
Tasse auf einmal ernten, sondern können
sich, je nach Bedarf, mehrere Tage damit
Zeit lassen. Vergessen Sie nicht, das verblie-
bene Gras weiterhin zu gießen und auch
die abgeernteten Flächen zu befeuchten,
da mitunter noch einige Nachzügler in
die Höhe sprießen werden, bei denen die
Keimung erst später eingesetzt hat. Gelegentlich ist auch ein dritter Wachstumszyklus zu beobachten, allerdings ist dieser
meist deutlich „grasiger" im Geschmack als
die vorangegangenen. Wenn Sie das Gras
mit Obst und Gemüse zu einem Smoothie
oder Gemüsesaft verarbeiten, mag der
Erntezeitpunkt keine große Rolle spielen,
doch wenn Sie vernarrt darauf sind, an
Weizengrashalmen zu knabbern, wird
sich der geschmackliche Unterschied mit
Sicherheit bemerkbar machen.

Weizengras und Katzengras können ab einer Höhe
von 8–10 cm mit einer Schere knapp über den
Wurzeln geerntet werden.

Aufbewahrungslösungen

Weizengras ist für gewöhnlich keine
Zutat von Speisen, sondern wird zu Saft
und Smoothies verarbeitet. Es bietet den
besten Genuss, wenn Sie das frisch abge-
schnittene Gras im Mixer oder Entsafter
pürieren (je nach Modell kann hierfür
ein spezieller Aufsatz erforderlich sein)
und sofort trinken.

Die meisten Menschen bauen Weizengras wegen der darin enthaltenen
Nährstoffe an. Würde man das Gras nach
der Ernte länger aufbewahren, ginge
ein Teil dieser Nährstoffe verloren, was
wohl wenig zielführend wäre. Wenn in
Ihrem Garten mehr Gras reif ist, als Sie
im Moment benötigen, und Sie es ernten
möchten, ehe es zu grasig wird, lassen Sie
die Halme im Beet ein wenig austrocknen, indem Sie sie zwölf Stunden lang
nicht wässern. Stecken Sie das Gras nach
der Ernte in einen Plastikbeutel oder ein
Glasgefäß und bewahren Sie es im Gemüsefach in Ihrem Kühlschrank auf.

Eine andere Möglichkeit bietet sich
durch die Aufbewahrung in Frischhal-
tenetzen, die speziell für leicht verderb-

Gepflücktes Weizengras kann ganz einfach im Standmixer püriert und zu Saft verarbeitet werden. Mit einem von Hand betriebenen oder elektrischen Entsafter funktioniert es genauso gut. Für welche Methode Sie sich auch entscheiden, verarbeiten Sie das Gras so rasch wie möglich nach der Ernte.

liche Lebensmittel entwickelt wurden. Sie sehen aus wie Wäschenetze mit feinmaschigem Gewebe und haben einen Bindverschluss zum Zuziehen. Diese Beutel kommen bei mir zu Hause immer dann zum Einsatz, wenn ich Keimlinge, Sprossen und andere Gartenerzeugnisse längere Zeit im Kühlschrank lagern muss. Da sie durch das Netz atmen können, bleiben die Erzeugnisse länger frisch. Garantiert ohne Frischeverlust können Sie Weizengras aufbewahren, wenn Sie es unmittelbar nach der Ernte entsaften oder pürieren und dann in Eiswürfelbehältern einfrieren. Sobald die Würfel fest sind, können Sie sie in einen Gefrierbeutel füllen. Die Würfel sind nun perfekt geeignet für die Herstellung von grünen Smoothies; sie verfügen über den Geschmack und den Nährwert von frischem Weizengras und sorgen für die typisch sämige Konsistenz im Glas.

SPROSSEN

Wenn Sie nur begrenzt Platz zur Verfügung haben oder nicht viel Geld ausgeben möchten, sind Sprossen das ideale Projekt für Ihren Küchengarten. Samen, ein Glas und ein Käsetuch oder dünnes Geschirrtuch machen die Grundausstattung komplett, und der Sprossenanbau kann beginnen.

Die Nährwerttabelle der Sprossen ist beeindruckend: Sie sind voll gepackt mit Enzymen, Ballaststoffen, Aminosäuren, Vitaminen und anderen wertvollen Inhaltsstoffen, die das Immunsystem stärken und dabei helfen, gesund und fit zu bleiben. Zudem schmecken sie köstlich und können das ganze Jahr hindurch angebaut werden.

Nicht selten setze ich eine Sprossenkultur im tiefsten Winter an, wenn das Wachstum vieler anderer Pflanzen nur langsam vorangeht. Selbst Keimpflanzen brauchen im frostigen Februar mehr Zeit für ihren Weg vom Samen zum buschig grünen Blätterwald. Und da kommt es mir sehr gelegen, mit Sprossen meine Nährstoffreserven auffüllen zu können. Vom Geschmack her sind Sprossen sehr unterschiedlich. Ich mag würzige Sorten wie Senf und Rettich, kann aber auf das erdige Aroma von zum Beispiel Alfalfa gut verzichten. Ich bin sicher, auch Sie werden in der großen Sortenvielfalt Ihre Favoriten finden. Wählerisch zu sein und seinen geschmacklichen Vorlieben auf die Spur zu kommen, ist ein wichtiger und durchwegs reizvoller Bestandteil des Abenteuers Küchengarten.

Gekeimte Sojabohnen zählen zu den bekanntesten Sprossenarten und sind einfach anzubauen. Sie eignen sich zum Garnieren und schmecken auch als Rohkostsalat.

Einträgliche Sorten für den Küchengarten

Die Auswahl an Samen, aus denen sich Sprossen ziehen lassen, reicht quer durchs Gemüsebeet. Sie können Dill, Bockshornklee, Schnittlauch, Erbsen, Weizen und eine Menge anderer Sprossengemüse im Glas züchten. Sobald Sie mit den Grundschritten vertraut sind, dürfen Sie sich in die weite Welt des Sprossenreiches hinauswagen. Die folgenden Sorten bieten dafür den perfekten Einstieg:

- *Alfalfa:* Hierbei handelt es sich um die Sprossen der Luzerne, in Amerika auch Alfalfa genannt (so kam der Name für die Keimlinge nach Europa). Sie besitzen einen milden, nussigen Geschmack und sind der ideale Einstiegskandidat für den Sprossenanbau.

Vorher und nachher: Samen und Sprossen der Luzerne

- *Brokkoli:* Untersuchungen der Johns Hopkins Universität zufolge erhöht der Verzehr von Brokkoli-Sprossen die Konzentration körpereigener Enzyme, die gegen krebserregende Substanzen schützen. Sie schmecken zudem ganz hervorragend.

Gekeimte Brokkolisamen

- *Mungbohne:* Viele Bohnenarten sind für den Sprossenanbau geeignet. Die Mungbohne zählt zu den beliebtesten und daher besonders häufig angebauten Sorten. Ich persönlich bin von ihrem Geschmack nicht sonderlich angetan, doch viele Menschen essen sie mit großer Begeisterung und beschreiben sie als gehaltvoll und schmackhaft.

Vorher und nachher: Mungbohnen und Sprossen

- *Gemischte Saat:* Wenn Sie im Onlinehandel auf Seiten wie Sprossenmanufaktur.de oder sproutpeople.org (englische Seite) nach Samen suchen, werden Sie Sprossenmischungen finden, die verschiedene Sorten kombinieren, wie die „Toskana-Mischung" mit Alfalfa und Rukola oder gemischte Getreidesaaten, bestehend aus Weizen, Roggen, Hafer, Kamut und Quinoa. Diese bieten eine praktische und zugleich kostengünstige Möglichkeit, mehrere Sorten auf einmal anzubauen.

Klee- und Rettichsprossen

- *Andere:* Im Grunde können Sie aus jedem beliebigen Samenkorn Sprossen ziehen, doch Sie werden merken, dass nicht alle gekeimten Samen gleich gut schmecken. Abgesehen von den Sorten auf dieser Seite bieten Händler und Saatgutkataloge mitunter auch Sprossensamen für den Anbau von Bockshornklee, Daikon-Rettich, Edamame-Bohnen, Grünkohl, Sonnenblumen, Buchweizen und Zwiebeln an.

Bockshornklee

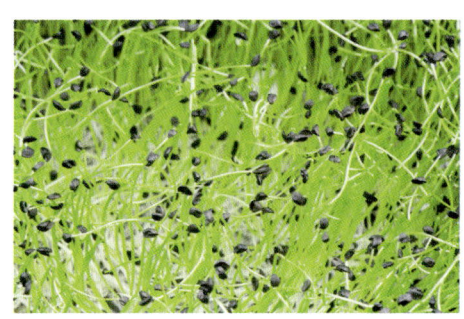

Zwiebel

Daikon-Rettich

„Red Russian"-Kohl

Tassen, Töpfe und andere Gefäße

Es gibt eine Vielzahl an Gefäßen, die eine üppige Sprossenkultur möglich machen. Schmökern Sie in den Onlineportalen der Anbieter im Verzeichnis am Ende dieses Buches oder besuchen Sie einen Gartenmarkt in Ihrer Nähe, um sich für die nächsten Schritte zu rüsten.

Wenn Sie vorhaben, Sprossen von nun an regelmäßig anzubauen, legen Sie sich am besten ein Keimgerät zu. Keimgeräte sind in unterschiedlichen Größen erhältlich, vom kleinen Keimbecher, der um die 10 Euro kostet, bis hin zum Sprossenturm, auf dem Sie mehrere Sorten gleichzeitig anbauen können.

Viele Sprossenzüchter bepflanzen ihre Gläser oder Schalen zeitversetzt, um durchgehend ernten zu können. Dabei ist es wichtig, den Überblick zu bewahren und die Abfolge der Pflegeschritte für jedes Gefäß genau einzuhalten. Anders als bei Keimpflanzen und Keimlingen, können Sie das Sprossenglas nach der Aussaat nicht einige Tage lang sich selbst überlassen, bis die Samen gekeimt haben. Sprossen zu ziehen ist nicht schwierig, doch ein gewisses Maß an Ordnung und Pünktlichkeit ist erforderlich. Wenn Sie Gefallen am Sprossenanbau gefunden haben und sich die Gläser und Becher bereits auf Ihrer Anrichte zu stapeln beginnen, ist ein Sprossenturm womöglich genau das Richtige für Sie.

Als Handwerkzeug für Anfänger, die zunächst nur eine Sorte anbauen möchten, empfehlen sich ein einfaches Einweckglas und ein Käsetuch oder dünnes Geschirrtuch zum Bedecken. Der dünne Stoff ist luftdurchlässig und

Für kleine Sprossenkulturen und als Starthilfe für Anfänger kann ein Keimgerät nützlich sein. Im Handel sind viele verschiedene Modelle erhältlich, wie etwa dieser kleine Sprossenturm mit drei Keimschalen (siehe Anbieterverzeichnis).

Eine Auswahl an Sämereien, die speziell für den Sprossenanbau angeboten werden.

schützt vor Verunreinigung von außen. Ein geschlossener Deckel hingegen würde den Luftaustausch blockieren und zu einer Feuchtigkeitsansammlung im Gefäß führen.

Keimgläser mit einem Siebverschluss zum einfachen Abseihen des Gießwassers finden besonders häufig Verwendung (OBEN). In einem gewöhnlichen Glasgefäß können Sprossen genauso gut gezogen werden wie in einem Keimglas. Lediglich das Spülen und Wässern der Samen ist zeitaufwendiger. (UNTEN)

Vorbereitungsschritte

Stellen Sie sicher, dass das Keimglas sauber ist. Und ich meine *sauber*. Sprossen sind anfällig für Schimmel, und angetrocknete Essensreste oder Schmutzflecken am Glas können Ihre gesamte Sprossenkultur zunichte machen. Das Gefäß muss nicht steril sein, doch Sie sollten sich die Zeit nehmen, es nach dem Waschen noch einmal zu kontrollieren. Wenn ich meine Gläser für den Anbau vorbereite, wasche ich sie lieber mit der Hand als mit dem Geschirrspüler, da ich sie so besser blank schrubben kann.

Aussaat und Pflege

Erste Schritte

Geben Sie etwa einen Esslöffel Samen in Ihr Gefäß und bedecken Sie die Samen einige Zentimeter hoch mit warmem Wasser. Gefiltertes Wasser führt gelegentlich zu besseren Erfolgen, doch sehr häufig verwende ich einfaches Leitungswasser zum Einweichen der Samen. Befestigen Sie das Käsetuch mit einem Gummiband über der Gefäßöffnung, sodass das Tuch wie das feinmaschige Sieb eines Keimglases wirken kann, und verfahren Sie weiter wie folgt:

- Lassen Sie die Samen über Nacht quellen. Größere Samen, wie etwa Bohnen, sollten bis zu 24 Stunden im Wasser liegen.
- Leeren Sie das gesamte Wasser nach Ablauf der Einweichzeit durch das Sieb/Käsetuch.
- Füllen Sie frisches Wasser nach, um die Samen zu spülen. Schwenken Sie das Glas leicht und gießen Sie das Wasser unmittelbar danach wieder aus dem Glas.
- Lassen Sie das Wasser vollständig abrinnen, indem Sie das Gefäß mit dem Deckel nach unten an einem schattigen Platz aufstellen.

Geben Sie nicht mehr als einen Esslöffel Samen oder Bohnen ins Glas und füllen Sie das Glas einige Zentimeter hoch mit warmem (nicht heißem) Wasser auf.

- Spülen Sie die Samen von nun an immer morgens und abends (etwa alle zwölf Stunden) für die nächsten vier bis sechs Tage, bis die Sprossen die gewünschte Größe erreicht haben. Lassen Sie das Wasser nach dem Spülen immer vollständig abrinnen.

- Vor dem Verzehr sollten Sie die Sprossen ein letztes Mal gründlich abspülen. Das trocken gelegte Glas mit den Sprossen können Sie anschließend zwei bis drei Tage im Kühlschrank aufbewahren.

Gießen Sie das Wasser durch das Sieb im Deckel des Keimglases. Bei einem herkömmlichen Glasgefäß kann ein Käsetuch als Sieb dienen und während des Keimvorganges für ausreichend Luftzufuhr sorgen. (OBEN LINKS) Schützen Sie die Samen vor direktem Sonnenlicht, damit sie im Gefäß nicht austrocknen. (OBEN RECHTS)

Das Spülen der Samen ist ein wesentlicher Bestandteil des Sprossenanbaus, ohne den es zur Bakterienbildung im Gefäß kommen würde. (GANZ LINKS) Spülen und trocknen Sie die Samen noch einmal gründlich, ehe Sie sie für den Verzehr zubereiten. (LINKS)

Komplikationen & Maßnahmen

Bedenkliche und unbedenkliche Begleiterscheinungen im Sprossenanbau:

Schimmelbildung im Glas

Dies ist bei Weitem das häufigste Problem im Sprossenanbau. Sie müssen die
Sprossen regelmäßig spülen, denn sonst
werden sie matschig und beginnen zu
schimmeln. Selbst wenn der Schimmel
nur an einer winzigen Stelle im Gefäß
zu erkennen ist, sollten Sie die Kultur
umgehend entsorgen, das Glas keimfrei
machen und von Neuem beginnen. Wenn
das Problem wiederholt auftritt, sollten
Sie den Behälter wechseln oder für Ihren
nächsten Anbauversuch ein Keimglas
oder ein Keimgerät verwenden.

Das Sprossenwachstum dauert länger als vier bis sechs Tage

Bei kühlem Wetter benötigen Sprossen
mitunter etwas länger, um zu reifen.
Wenn Sie die Samen über Nacht quellen
lassen, ehe Sie sie ins Keimglas füllen,
wird der Keimungsprozess beschleunigt
und die Reifezeit der Sprossen entsprechend verkürzt. Versuchen Sie es mit
Bohnen, da diese in der Regel nur zwei
bis vier Tage von der Keimung bis zur Reife benötigen. In diese Gruppe fallen u. a.
Kidneybohnen, Adzukibohnen, Augen-
bohnen, Kichererbsen und Linsen.

Sprossen wachsen, werden aber nicht grün

Sprossen fühlen sich an einem schattigen Platz für gewöhnlich sehr wohl,
doch in manchen Fällen ist ein wenig
mehr Licht erforderlich, um die Photosynthese in Gang zu halten. Stellen Sie
das Sprossenglas an einen helleren Ort

oder in Fensternähe auf, wo es weiterhin vor direkter Sonneneinstrahlung
geschützt ist. Bedenken Sie zudem, dass
nicht alle Sprossenarten grün werden.
Mungbohnen zum Beispiel besitzen bei
ihrer Ernte eine wunderschön durchsichtige, weiße Farbe und tragen einen
kleinen, gelben Hut an den Sprossenen-
den, der die ursprüngliche Bohnenhülse
darstellt.

Ernte und Aufbewahrung
Bereitmachen für die Ernte

Sprossen zu ernten, bedeutet nichts
weiter, als sie aus dem Glas zu ziehen und
zu essen – einfacher könnte es nicht sein.
Sie sollten sich jedoch angewöhnen, die
Sprossen vor dem Verzehr einem schnel-
len Geruchstest zu unterziehen. Selbst
wenn das Glas am Morgen beim Frühstück noch in Ordnung war, rieche ich
am Abend daran, ehe ich Sprossen daraus
über meinen Salat streue.

Diese Vorsichtsmaßnahme ist unerlässlich, da häufig vor einer Infektion
mit Salmonellen und *E. coli* im Zusam-
menhang mit dem Verzehr von Sprossen
gewarnt wird. Diese Bakterienstämme
können sich bilden, wenn Sprossen
zu lange im Wasser liegen. Durch die
Nahrungsaufnahme gelangen sie dann in
unseren Körper.

Ich habe die Erfahrung gemacht,
dass sich Infektionen dieser Art vermeiden lassen, wenn man auf den Geruch im
Glas achtet, ehe man sich daraus bedient.
Verdorbene Sprossen sind für gewöhnlich an ihrem Geruch zu erkennen. Im
Zweifelsfall sollten Sie die Sprossen *immer*
entsorgen.

Sie können die Sprossen in dem Glas aufbewahren, in dem Sie sie angebaut haben – allerdings stets im Kühlschrank, und nicht länger als ein bis zwei Tage.

Aufbewahrungslösungen

Bewahren Sie Sprossen nicht allzu lange auf. Die Haltbarkeitsdauer im Kühlschrank liegt bei etwa einer Woche, doch diese Angabe ist bereits recht optimistisch. Mit beginnendem Verderb werden die Sprossen weich und matschig und bald darauf setzt der Schimmelbefall ein. Sehr wahrscheinlich werden Sie jedoch schon während des Anbaus eine derart große Lust auf Sprossengemüse bekommen, dass Sie das Glas innerhalb der ersten zwei Tage leergegessen haben.

PILZE

Eine Pilzfarm für den Küchentisch

Pilze haben für mich etwas Rätselhaftes an sich. Das liegt wohl daran, dass ich in meiner Jugend nur die glitschigen, bereits vorgeschnittenen Pilze aus der Dose kennengelernt habe, die häufig für Auflaufgerichte verwendet wurden. Abgesehen davon kannte ich sie nur aus Pilzcremesuppen, in denen vereinzelt ein paar winzige Pilzstückchen schwammen. Wenn man im mittleren Westen der USA lebt, führt kein Weg an der Pilzcremesuppe vorbei. Hier hat es Tradition, bei den sogenannten „potluck dinners" jeden Gast eine Speise für das gemeinsame Essen mitbringen zu lassen, und in den meisten Fällen besteht das zusammengewürfelte Buffet dann zu 75 Prozent aus Pilzcremesuppe (der restliche Teil ist Fruchtgelee für den Nachtisch). Dementsprechend eintönig war also meine Begriffsvorstellung.

Als ich im Erwachsenenalter zum ersten Mal richtige Pilze gegessen habe,

erlebte ich eine regelrechte Offenbarung der Sinne. Mittlerweile habe ich eine Vorliebe für exotische Pilze entwickelt und versuche, mich mit jedem gut zu stellen, der weiß, wo man frische Ware finden kann. Wenn Sie durch die Gemüseabteilung im Großmarkt wandern und Morcheln entdecken, fragen Sie sich beim Blick auf das Preisschild bestimmt: „Wer ist denn bereit, so viel für Pilze zu bezahlen?" Nun ja, die Antwort lautet: Ich.

Es liegt also auf der Hand, dass ich alles daransetze, Pilze selbst anzubauen. Ich habe mich bereits an vielen Sorten versucht, doch um ehrlich zu sein, sind nur wenige davon wirklich gut gewachsen. Es ist keine leichte Übung, Shiitake-Pilze aus beimpften Rundholzstücken im Haus zu züchten, denn die Luftfeuchtigkeit und Belüftung im Innenbereich müssen perfekt an die Bedürfnisse der Brut angepasst sein. Doch zum Glück gibt es einfachere Alternativen, die wir uns nun genauer ansehen werden.

Vorbereitung

Nährboden für den Pilzanbau im Haus

Sie sollten sich zuerst überlegen, welchen Nährboden Sie für den Anbau verwenden möchten, und dann eine Pilzbrut wählen, die darauf gut wachsen kann. Austernpilze beispielsweise wachsen am besten auf Stroh, während sich Braunkappen auf Sägespänen besonders wohlfühlen. Hier ein kleiner Überblick:

Austernpilze/Austernseitlinge

- *Sägespäne:* Sie sind günstig und bereits fertig abgepackt im Gartenmarkt erhältlich. Achten Sie darauf, dass die Späne eine feine Struktur haben und nicht an grobfasrige Hackschnitzel erinnern. Sägespäne bieten eine ideale Nährgrundlage für Shiitake- und Braunkappenpilze.

- *Stroh:* Da es Feuchtigkeit gut halten kann und besonders luftdurchlässig ist, eignet sich Stroh hervorragend für die Pilzzucht, allen voran für den Anbau von Austernpilzen. Unter den verschiedenen Stroharten hat sich Weizenstroh am besten bewährt.

- *Hartholzblock:* Wenn Sie sich zum ersten Mal als Pilzzüchter versuchen, ist eine Mini-Plantage auf einem beimpften Rundholz- oder Sägemehlblock eine gute Möglichkeit für den Einstieg. Die Vorbereitung des Nährbodens fällt weg, da die Brut bereits im Holz eingesetzt ist, und Sie können sich ganz darauf konzentrieren, die vom Hersteller empfohlenen Angaben zu Bewässerung,

Shiitake-Pilze

Beimpfter Baumstamm mit Shiitake-Pilzen

Eine weitere Anbaumöglichkeit bietet dieses Starterset für Austernpilze: Schneiden Sie die Schachtel auf der Vorderseite auf, halten Sie die Brut feucht, und schon nach ein bis zwei Wochen können Sie zusehen, wie die Pilze aus dem Karton wachsen.

Belüftung und Luftfeuchtigkeit einzuhalten. Beimpfte Holzblöcke weisen eine sehr hohe Erfolgsquote auf und werden, im Gegensatz zu Sägespänen und Stroh, bis zu fünf Jahre lang besiedelt. Sobald die Brut zu fruchten beginnt, dürfen Sie etwa alle drei Wochen mit einer Ernte von rund einem Dutzend Shiitake-Pilzen rechnen. Beimpfte Holzblöcke sind für 25 bis 50 Euro erhältlich (siehe Anbieterverzeichnis), und wenn Sie Lust haben, können Sie Ihren Baumstamm auch eigenhändig mit einer Körnerbrut oder sogenannten „Impfdübeln" für den Anbau vorbereiten.

Beachten Sie, dass einige Anbieter nur zu bestimmten Zeiten im Jahr oder auf Anfrage hin Starterkulturen herstellen. Da-

her ist es ratsam, den Anbieter vorab zu kontaktieren und frühzeitig zu bestellen.

Wichtig ist auch, dass Sie für den Anbau zu Hause eine Pilzbrut verwenden und keine Sporen. Auch aus Sporen lassen sich Pilze züchten, doch dazu ist eine beachtliche Menge an Zeit, Geduld und Erfahrung nötig. Das Einimpfen der Brut hingegen kommt dem Anpflanzen von Setzlingen gleich, die ihre Wurzeln bereits ausgebildet haben.

Vorbereitung des Nährbodens

Pilzfreunde aufgepasst, nun geht es ans Eingemachte! Wir werden uns den Anbau von Pilzen auf Stroh genauer ansehen und damit beginnen, das Stroh zu pasteurisieren, um es krankheitsresistent zu machen.

Stellen Sie einen großen Topf mit Wasser auf den Herd und lassen Sie das Wasser etwa 20 Minuten lang kochen, während Sie das Stroh für die einfachere Weiterverarbeitung in 3–5 cm lange Stücke schneiden. Ich erledige das am liebsten mit der Schere, indem ich ein Strohbüschel in die Hand nehme, es über eine Schüssel halte und 5 cm lange Halme abschneide. Sie können auch eine Küchenmaschine oder einen Standmixer verwenden, doch mir ist die anschließende Reinigung der Geräte zu zeitaufwendig.

Nachdem das Wasser bereits lange genug gekocht hat, schalten Sie den Herd zurück. Bringen Sie Wasser mithilfe eines Küchenthermometers auf 70–75 °C und streuen Sie dann das Stroh ein. Drücken Sie das Stroh mit einer Siebkelle unter Wasser, damit die Halme nicht an die Oberfläche treten. Um das Stroh während des gesamten Kochvorganges unter Wasser zu halten, sollten Sie es nach Möglichkeit mit einem hitzebeständigen Glasgefäß oder einem anderen geeigneten Gegenstand beschweren.

Überprüfen Sie die Wassertemperatur regelmäßig und kochen Sie das Stroh bei gleichbleibender Hitze für 45 Minuten. Nehmen Sie den Topf vom Herd, lassen Sie das Stroh zehn Minuten ziehen und seihen Sie das Wasser im Anschluss in eine Schüssel ab. Das Strohwasser ist sehr nährstoffreich und kann später zum

1. Schneiden Sie das Stroh in kurze Stücke, um die weitere Verarbeitung zu erleichtern.

Gießen der Pilze verwendet werden. Lassen Sie das Stroh auf Zimmertemperatur abkühlen und leicht auftrocknen. Es ist durchaus von Vorteil, wenn es beim Einsetzen der Brut noch etwas nass ist, daher sollten Sie mit dem nächsten Schritt nicht allzu lange warten. Sie können pasteurisiertes Stroh auch kaufen, doch wo bliebe da der Spaß?

Ich genieße es sehr, wenn meine Küche für ein paar Tage nach Bauernhof duftet.

2. Legen Sie das kleingeschnittene Stroh in kochend heißes Wasser.

3. Seihen Sie das Wasser ab und bewahren Sie es als „Gießwasser" auf – es wird Ihre Pilze mit zusätzlichen Nährstoffen versorgen.

Aussaat und Pflege

Erste Schritte

Reinigen Sie Ihre Hände und die Arbeitsfläche gründlich. Die Pilzbrut reagiert sehr empfindlich auf Keime, deshalb ist es wichtig, auf Sauberkeit zu achten.

Legen Sie das Stroh (oder die Sägespäne) in ein Gefäß und mischen Sie etwas Kaffeesatz darunter. Wenn Sie Teetrinker sind, können Sie in einem nahegelegenen Kaffeehaus nach einer Schüssel Kaffeesatz fragen. Dort wird er ohnehin meist weggeworfen. Mancherorts, wo Gemüsegärten in der Großstadt keine Seltenheit mehr sind, sind Kaffeehausmitarbeiter diese Art von Anfrage bereits gewöhnt.

Kaffeesatz ist vollgepackt mit Nährstoffen, die der Pilzbrut zu raschem Wachstum verhelfen, und reduziert zudem die Anzahl an Mikroorganismen, die sich ebenfalls im Nährboden ansiedeln und mit der Brut konkurrieren würden.

Die Pilzbrut sieht für gewöhnlich aus wie ein sehr alter Käse. Zerbröckeln Sie die Brut in feine Körner und mischen Sie diese unter das Stroh. In manchen Fällen ist die Brut bereits in Sägemehl eingearbeitet und Sie brauchen sie nur noch mit einer weiteren, dickeren Sägemehlschicht bedecken.

4. Kaffeesatz ist ein nährstoffreiches, kostengünstiges Substrat für Ihre Pilze.

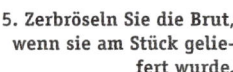

5. Zerbröseln Sie die Brut, wenn sie am Stück geliefert wurde.

Als Anbaugefäß kommt eine Vielzahl an Behältnissen in Frage. Eine der beliebtesten Methoden ist es, einen Plastiksack mit der vorbereiteten Pilzbrut zu befüllen und dann alle 7–8 cm ein Loch einzustechen. So wird die Brut gut belüftet und das Stroh (bzw. Sägemehl) kann Wärme und Feuchtigkeit besser speichern.

Alternativ dazu können Sie die Mischung auf einer Anzuchtschale oder einem Backblech verteilen und mit einer Schicht Kübelpflanzenerde bedecken. Auf diese Weise haben die Pilze mehr Platz, um sich auszubreiten. Befeuchten Sie die Erde anschließend kräftig mit einem Zerstäuber. Stellen Sie die Schale oder den Sack an einen kühlen, dunklen Ort, wie etwa in einen Kellerraum oder eine Garage. Die ideale Umgebungstemperatur für den Pilzanbau liegt bei ungefähr 10 °C.

Besprühen Sie die Kultur regelmäßig mit Wasser, sodass der Nährboden nie vollständig auftrocknet. Möglicherweise wird nach einiger Zeit ein weißlicher Flaum an der Oberfläche zu sehen sein. Doch seien Sie beruhigt – dabei handelt es sich nicht um Schimmel. Bei Pilzen ist Schimmel fast immer schwarz, rosa, gelb oder bläulich-grün.

6. In einem Plastiksack mit eingestochenen Löchern bleibt der Nährboden feucht und warm und wird dennoch gut durchlüftet.

Alternative: Legen Sie das Stroh (bzw. die Sägespäne) mit der Pilzbrut auf eine Schale oder einen Teller und streuen Sie eine Schicht Kübelpflanzenerde darüber.

Komplikationen & Maßnahmen

Bedenkliche und unbedenkliche Begleiterscheinungen in der Pilzzucht:

Die Pilze wachsen nicht

Das kann passieren, wenn die Umgebung zu kühl und/oder zu trocken ist.
Mit einer Keimmatte unter dem Gefäß
können Sie für mehr Wärme sorgen. Um
Feuchtigkeitsverlust entgegenzuwirken,
sollten Sie die Brut regelmäßig mit Wasser besprühen. Zusätzlich dazu können
Sie das Gefäß für ein paar Tage mit einem
feuchten Handtuch bedecken, damit das
Wasser besser gespeichert werden kann.
Lassen Sie das Handtuch jedoch nicht zu
lange über der Brut, denn es blockiert
den Luftaustausch und lässt die Koh-
lendioxidkonzentration im Gefäß rasch
ansteigen.

Mehrere Anbauversuche blieben erfolglos

Sie haben es sowohl mit Stroh als auch
mit Sägespänen versucht, den Behälter
gewechselt, verschiedene Kellerecken
und Zimmer im Haus als Standort aus-
probiert und die Brut womöglich auch
schon besungen – und dennoch kein
Lebenszeichen erhalten. Selbst wenn Sie
Temperatur und Feuchtigkeit akribisch
überwachen, kann es leider vorkommen,
dass die Pilze nicht wachsen. Ist dies
der Fall, sollten Sie sich überlegen, ob
Sie nicht in ein Pilzzuchtset investieren
möchten. Diese Fertigkulturen werden
sehr sorgfältig zusammengestellt, oft
von Mykologen (Pilzexperten), die sich
viel Mühe geben, Möglichkeiten für den

Pilzanbau im Innenbereich zu schaffen.
Wählen Sie ein Set im Schachtel-Format
oder in einem Beutel, wo die Brut bereits
in Sägemehl (gelegentlich vermischt mit
Kaffeesatz) eingebettet ist und nur noch
in regelmäßigen Abständen gegossen
werden muss, damit sie fruchtet.

Ernte und Aufbewahrung
Bereitmachen für die Ernte

Je nach Sorte können Sie nach ungefähr
drei Wochen die ersten Pilze ernten.
Wenn sich die Kappen von den Stielen zu
lösen beginnen, ist dies ein Zeichen dafür, dass die Pilze reif sind. Sie lassen sich
nun ganz einfach von Hand pflücken.

Shiitake-Pilze treten in Gruppen hervor, sobald die
Fruchtkörperbildung begonnen hat.

Bewahren Sie geerntete Pilze in einer Papiertüte im Kühlschrank auf.

Aufbewahrungslösungen

Waschen Sie die Pilze erst unmittelbar vor der Zubereitung, da sie ansonsten rasch verderben würden. Bewahren Sie sie bis dahin in einer braunen Papiertüte im Kühlschrank auf. Legen Sie die Pilze niemals in einen Plastikbehälter; dieser kann überschüssige Feuchtigkeit, die von den Pilzen abgegeben wird, nicht absorbieren. Wenn Sie Pilze länger lagern wollen, empfiehlt es sich, sie zu trocknen oder zu verkochen und anschließend einzufrieren.

TEIL DREI

Radieschen, Karotten, Tomaten und anderes Gemüse

Radieschen, Karotten, Tomaten und anderes Gemüse

Viele Flachwurzler fühlen sich im Küchengarten wohl. Dazu gehören etwa Rote Bete, Rettich, einige Karottensorten, Blattsalate und, unter den richtigen Bedingungen, auch Pfefferoni und Tomaten.

Beim Anbau von Gemüse im Haus sind eine gute Vorarbeit und eine gewissenhafte Pflege, wie sie in Teil Eins dieses Buches erläutert wurden, maßgeblich für den Erfolg des Gartenprojektes. Wenn der Standort ausreichend belüftet und gut beleuchtet ist, wenn Sie das passende Gefäß mit hochwertiger Pflanzenerde befüllt und gegen Schädlinge vorgesorgt haben, dann kann der Spaß beginnen.

Keimlinge und Keimpflanzen im Mini-Beet anzubauen, ist eine tolle Sache, und nun dürfen Sie sich auf eine Fortsetzung des Abenteuers freuen. Sie werden Ihre Pflanzen über das Keimlingsstadium hinaus begleiten und so lange für sie sorgen, bis sie ausgereift sind. Es ist ein großartiges Gefühl, nach getaner Arbeit mit frischem Salat, süßen Karotten, knackigen Radieschen und anderen Köstlichkeiten aus dem eigenen Küchengarten belohnt zu werden.

Vor allem im Frühling, wenn ich mich nach frischem Gemüse verzehre und im Supermarkt nur Importware erhältlich ist, bin ich motiviert genug, jeden verfügbaren Platz in meinem Haus mit Regalen, Lampen und frisch bepflanzten Töpfen auszustatten.

Doch nicht alle Gemüsesorten sind für den Anbau im Haus geeignet. Es kann sein, dass das Wachstum zu Beginn ganz normal verläuft, die Bodentiefe jedoch nicht ausreicht, damit sich die Pflanze voll entwickeln kann. Außerdem sollte man akzeptieren, dass bestimmte Sorten im Freien schlicht und einfach besser gedeihen als in der Wohnung.

Das Gemüse, das ich Ihnen in diesem Teil präsentieren werde, hat sich im Küchengarten gut bewährt. Wie bereits in den vorangegangenen Kapiteln werden wir den Stellplatz optimal vorbereiten und die Bedürfnisse der Pflanze im Hinblick auf die Bodenbeschaffenheit, den Pflanzenschutz, die Gefäßwahl und die adäquate Beleuchtung genau unter die Lupe nehmen. Mit einer gut durchdachten Anbaustrategie, einer sorgfältigen Pflege und einer motivierten Grundhaltung lassen sich die besten Erfolge erzielen. Ganz gleich, ob Sie Ihren Küchengarten mit Keimpflanzen, Keimlingen oder Gemüsepflanzen ausstatten – eine große Portion Abenteuerlust darf nie fehlen.

(GEGENÜBERLIEGENDE SEITE) Gemüsepflanzen mit geringer Wurzeltiefe können auch im Innenbereich angebaut werden. Hier teilen sich Mangold, Grünkohl und Spinat ihren Stellplatz mit einem Topf Koriander und einem Trog voll Erbsenkeimlingen.

GARTENSALAT

Schon bevor ich mit dem Gemüseanbau begonnen habe, zählte Salat
zu meinen Lieblingsspeisen. Als
Kind verstand ich unter „Salat" ein Stück
Eisbergsalat, in Form eines gevierteilten
Salatkopfes, mit Ranch-Dressing (Salat-
dressing aus Buttermilch, Salz, Knoblauch, Zwiebeln, Kräutern und Gewürzen,
angerührt mit Mayonnaise, Sauerrahm
oder Joghurt) als Marinade. (Es sei hier
bloß am Rande erwähnt, dass in Minnesota auch Fruchtgelee mit Sprühsahne als
„Salat" bezeichnet wird.) Nun baue ich
Salat selbst an und habe eine Vielzahl un-
terschiedlicher Sorten in meinem Garten
wachsen, vom roten Eichblattsalat über
Butterhäuptel (Kopfsalat) und Römersa-
lat bis hin zum Feldsalat.

Ich liebe die verschiedenen Formen
und Farben, die in einer Salatmischung
miteinander kombiniert werden können.
Besonders gut gefallen mir der rot ge-

Eine bunte Salatschüs-
sel findet sich nicht
nur bei Tisch; sie kann
auch in Form einer
liebevoll bepflanz-
ten Anzuchtschale
für wiederkehrende
Salatfreuden in Ihrem
Küchengarten sorgen.

sprenkelte Forellensalat und Sorten mit tiefroten Blättern, die nur an den Stielen einen Hauch von Grün zeigen.

Die Auswahl an Gartensalaten ist derart umfangreich, dass es mir angemessen schien, dieses Kapitel mit der allseits beliebten Salatpflanze zu beginnen.

(VON RECHTS OBEN IM UHRZEIGERSINN) Eine Auswahl junger Salatpflanzen in Töpfen; roter und grüner Blattsalat wachsen in Reihen nebeneinander; zwei Sorten Bio-Salat in Töpfen; grüner Blattsalat; Setzlinge der Sorte „Lollo Bionda".

Vorbereitung

Einträgliche Sorten für den Küchengarten

Beim Anbau von Salat in Ihrem Küchengarten können Sie – stark vereinfacht ausgedrückt – auf eine von zwei Möglichkeiten zurückgreifen. Entweder Sie pflanzen Kopfsalat, dessen kompakte Wuchsform durch die überlappenden Blätter zustande kommt, oder Sie entscheiden sich für einen Sorten-Mix, bei dem die Blätter verschiedener Salate auf einer gemeinsamen Anbaufläche nebeneinander wachsen. Kopfsalate können natürlich genauso Teil einer Salatmischung sein, allerdings werden sie in diesem Fall zusammen mit den anderen Blättern bereits sehr früh geerntet, noch bevor sich die Blätter zur typischen Kopfform zusammengeschlossen haben.

Spätestens bei der Aussaat müssen Sie sich für eine der beiden Möglichkeiten entschieden haben. Wenn Sie Kopfsalat pflanzen, ist es wichtig, den vom Saatguthersteller empfohlenen Abstand zwischen den Samen einzuhalten. Wenn Sie sich für eine Salatmischung entscheiden, dürfen Sie die Samen ruhig etwas dichter streuen (nicht ganz so dicht wie Keimpflanzen wohl gemerkt), da die Salatblätter nicht zur vollen Reife gebracht werden.

In meinem Küchengarten baue ich vorwiegend Salatmischungen an. Sie wachsen schnell, füllen den Pflanztopf perfekt aus und halten eine große geschmackliche Vielfalt bereit. So lassen sich etwa die Aromen von Braunem Senf, würzigem Rukola und zart-bitterem Lollo Rosso in einem Pflanzgefäß vereinen.

- *Rukola:* Auch bekannt als Rauke, verleiht diese Sorte Ihrem Salat einen würzig-pfeffrigen Geschmack. Die gezackten, dunkelgrünen Blätter bringen Abwechslung in die Salatschüssel und können in manchen Speisen als Spinatersatz verwendet werden.

Rukola

- *Grüner und roter Eichblattsalat:* Er verdankt seinen Namen der Form seiner Blätter, die an Eichenlaub erinnern. *Eichblatt* ist ein Überbegriff für eine Gruppe von Schnittsalaten, zu denen u. a. die Sorten „Tango", „Bolsachica", „Panisse" und „Sulu" (als Star-Trek-Fan ist diese Sorte natürlich mein Favorit) zählen. Eichblattsalate sind unkompliziert im Anbau, haben eine knackige Struktur und einen milden Geschmack.

Roter Eichblattsalat

- *Baby-Leaf:* Genauso wie die Bezeichnung *Eichblatt* steht auch *Baby-Leaf* für keine einzelne Sorte, sondern für eine Gruppe verschiedener Schnittsalate. Baby-Leaf-Salate werden geerntet, solange die Blätter noch klein sind. Einige schmackhafte Vertreter sind etwa die Sorten „Red Sails", „Refugio", „Parris Island" und „Defender". Beachten Sie bei der Saatgutbestellung, dass auch einige Eichblatt-Sorten in die Gruppe der Baby-Leaf-Salate fallen und daher bereits sehr jung geerntet werden sollten.

- „*Lollo Rosso*": Dieser stark gekrauste und leicht bittere Schnittsalat entwickelt mit zunehmender Größe ein intensives Aroma. Die roten Blätter haben einen hellgrünen Ansatz und schmecken für gewöhnlich besser in Kombination mit milderen Blattsalaten.

„Lollo Rosso"

Baby-Leaf: Sorte „Romaine"

Viele Saatguthersteller haben Salatmischungen in ihrem Sortiment (siehe Anbieterverzeichnis), doch Sie können sich Ihren Sorten-Mix auch ganz einfach selbst zusammenstellen. Möglicherweise schafft es einer der Kandidaten auf dieser Doppelseite in Ihre engere Auswahl.

Es gibt derart viele Salatsorten, dass Sie sich bei der Auswahl am besten von Ihren geschmacklichen und optischen Vorlieben leiten lassen. Ich persönlich habe Salate mit einer pfeffrigen, leicht bitteren Note sehr gern und mische unterschiedliche Rot- und Grüntöne in meine Anzuchtschale. Sie können sich aber auch für eine einzelne milde Sorte entscheiden und nur diese anbauen. Wenn Ihnen die Auswahl allzu schwerfällt, dann greifen Sie zu einem Sorten-Mix eines Saatgutspezialisten und lassen Sie sich vom Ergebnis überraschen.

Dokumentieren Sie Ihre Eindrücke in einem Notizbuch. Schreiben Sie auf, welche Salate besonders gut gewachsen sind und welche nicht und ob sie geschmacklich überzeugen konnten oder zu eintönig schmeckten. So wird es Ihnen mit der Zeit gelingen, Ihre Favoriten ausfindig zu machen und Sie können sich bei zukünftigen Saatguteinkäufen auf Ihre eigenen Sortenbeschreibungen verlassen.

Tassen, Töpfe und andere Gefäße

Aufgrund der geringen Wurzeltiefe sind mittelgroße Gefäße für den Salatanbau am besten geeignet. Ich verwende gern hängende Pflanztöpfe, da sie dem Garten in meiner Küche ein besonders schönes Flair verleihen.

Wie die meisten anderen Pflanzen fühlt sich auch Gartensalat im Kunststofftrog wohler als im Terrakottatopf, da Ton den Boden schneller austrocknet. Wenn Ihnen die Terrakotta-Optik gefällt, können Sie einen Plastikeinsatz mit Wasserabzugsschlitzen in den Terrakottatopf setzen und so dem Feuchtigkeitsverlust entgegenwirken.

Kunststofftröge halten den Boden länger feucht als Ton und sind in der Regel die bessere Wahl für Topfpflanzen, ganz egal ob im Haus oder im Freien. Der ovale Kunststofftrog bietet perfekt Platz für eine Reihe Kopfsalat. (UNTEN)

Pflanzerde

Solange Sie keine Erde aus Ihrem Vorgarten verwenden, können Sie bei der Auswahl der Pflanzerde nicht viel falsch machen. Sie müssen den Gefäßboden nicht mit Steinen auslegen oder Sand in die Erde mischen, um die Drainage zu verbessern – mit einem Sack gewöhnlicher Pflanzerde aus dem Gartenmarkt sind Sie für den Start bestens gerüstet. Im Idealfall befinden sich auf dem Sack ein Bio-Siegel und ein Vermerk, dass die Erde für den Gemüseanbau geeignet ist.

Sterile Blumenerde eignet sich wunderbar für den Anbau von Zimmergemüse. Wer möchte, greift zur etwas teureren Bio-Variante. (OBEN)

Aussaat und Pflege

Erste Schritte

Befüllen Sie Ihr Pflanzgefäß bis etwa 2,5 cm unter den Rand mit Erde. Streuen Sie die Salatsamen ein und achten Sie dabei darauf, dass die Samen nicht zu eng nebeneinander zu liegen kommen. In einen Topf mittlerer Größe lassen sich so um die 20 Samen streuen. Die tatsächliche Anzahl ist jedoch vollkommen nebensächlich und auch der Abstand zwischen den Samen ist relativ variabel, solange die Samen nicht aneinanderkleben.

Streuen Sie behutsam etwas Pflanzerde über die Samen, um sie ganz leicht zu bedecken. Ist die abschließende Erdschicht zu dicht, dann gelangt nicht genug Licht hindurch, um die Keimung voranzutreiben.

Besprühen Sie die Samen mit dem Wasserzerstäuber. Die Erde sollte feucht, jedoch nicht völlig durchnässt sein. Beim Gießen mit der Gießkanne könnte es passieren, dass die Samen zusammendriften oder zu tief in den Boden gedrückt werden.

Wässern Sie die Samen einmal täglich, bevorzugt morgens. Ich habe mir angewöhnt, meine Pflanzen zu besprühen, während ich auf meine erste Tasse Kaffee warte. Ich würde nie auf meinen Java (Kaffee aus Bohnen der indonesischen Insel Java) vergessen, und indem ich beide Dinge miteinander verbinde, kann ich sicher sein, dass mein Gartensalat seine tägliche Ration Wasser abbekommt. Je nach Sorte sollte die Keimung nach ein bis zwei Wochen sichtbar werden.

Wachstum fördern

Sobald die Salatpflanzen zu wachsen begonnen haben, können Sie sie bei ihrer gesunden Entwicklung unterstützen:

- Befeuchten Sie den Boden von nun an nur jeden zweiten Tag, damit er zwischendurch ein wenig auftrocknen kann. Um zu überprüfen, ob ein erneutes Gießen erforderlich ist, drücken Sie Ihren Finger etwa 1 cm tief in die Erde; ist die Erde trocken, dürfen Sie gießen.
- Größere Salatpflanzen sollten, wenn möglich, von unten bewässert werden. Befüllen Sie die Küchenspüle oder eine Anzuchttasse ein paar Zentimeter hoch mit Wasser und stellen Sie den Topf mit den Salatpflanzen für etwa zehn Minuten ins Wasserbad. Lassen Sie die Pflanzen nicht zu lange im Wasser und verzichten Sie am Stellplatz auf Topfuntersetzer, die das Gießwasser auffangen; beides könnte zu Wurzelfäule führen.
- Sie werden vielleicht bemerken, dass mehrere Salatpflanzen an derselben Stelle zu wachsen beginnen. Entfernen Sie die weniger robusten Pflanzen, um für die kräftigeren Platz zu schaffen. Wenn die gejäteten Sämlinge einen noch ganz passablen Eindruck machen, können Sie sie in einem separaten Gefäß weiterleben lassen oder als Keimpflanzen verspeisen.
- Salatpflanzen kommen für gewöhnlich ohne Düngemittel aus, doch wenn das Wachstum allzu zaghaft voranschreitet, sollten Sie die Pflanzen einmal wöchentlich für drei Wochen mit einer extra Portion Nährstoffe versorgen – nicht länger, sonst schädigen Sie den Salat durch Überdüngung.

Komplikationen & Maßnahmen

Nach einer Woche immer noch keine Keimung

Wässern Sie die Samen weiterhin regelmäßig, sorgen Sie für ausreichend Sonnenlicht und bleiben Sie geduldig. Gelegentlich, unter bestimmten Bedingungen, brauchen Salatsamen etwas mehr Zeit zum Keimen, doch entwickeln sich völlig normal, sobald sie zu wachsen begonnen haben. Wenn nach mehreren Wochen noch keine Veränderung zu erkennen ist, ist der Stellplatz womöglich zu dunkel oder die Erde im Pflanzgefäß zu stark durchnässt.

Die Salatpflanzen sehen schlaff und kraftlos aus

Einer der Vorteile am Leben in Minnesota ist, dass Gartensalat bei kühlen Temperaturen prächtig gedeiht. Man muss nur selten gegen feuchte, stickige Luft im Haus ankämpfen, da es die meiste Zeit des Jahres recht kühl ist. Salatpflanzen fühlen sich bei 15–20 °C am wohlsten. Sollte es an ihrem Stellplatz zu warm oder zu feucht werden, rate ich dazu, den Salat vorübergehend an einem kühleren Ort unterzubringen.

Ernte und Aufbewahrung

Bereitmachen für die Ernte

Sie können Ihre Salatpflanzen in jedem
Wachstumsstadium ernten, je nachdem,
welche Blattgröße Sie bevorzugen. Ich
mag ihn lieber klein und zart und ernte
meinen Salat, wenn er ungefähr 15 cm
hoch ist. Wichtig dabei ist, dass Sie die
inneren Blätter der Pflanze stehen lassen
und nur die äußeren Blattlagen abschneiden, damit sich das Wachstum nach der
Ernte fortsetzen kann.

Aufbewahrungslösungen

Keimpflanzen und Salat halten sich am
besten in luftdichten Gläsern im Kühlschrank. Auch die Aufbewahrung in
Plastikbeuteln im Gemüsefach wäre eine
gute Lösung. Grundsätzlich sollten Sie
jedoch darauf bedacht sein, nur das zu
ernten, was Sie für Ihre nächste Mahlzeit
benötigen. Die lebende Salatpflanze ist
der beste Vorratsspeicher und wird über
einen längeren Zeitraum hinweg frische,
knackige Blätter liefern.

(UNTEN) Ob als einzelne Pflanze oder in der Reihe
wachsend – Salat bringt Leben ins Haus und ist ein
verlässlicher Nährstofflieferant. (GANZ UNTEN)
Pflücken Sie stets die äußeren Blätter der Pflanze,
sodass aus dem Salatherz neue Blätter entstehen
können.

RADIESCHEN

Während Salat schon immer ein Bestandteil meines Speiseplans war, sind Radieschen erst seit Kurzem darauf zu finden. Obwohl sich meine kulinarischen Kompetenzen in den vergangenen zehn Jahren stark verbessert haben (das ist nicht sonderlich schwierig, wenn man von Kartoffelchips zum Abendessen ausgeht), sind mir Radieschen erst so richtig ans Herz gewachsen, seit Karla und ich sie auf *Bossy Acres* anbauen.

Radieschen waren das erste Gemüse, das wir damals geerntet haben und ich erinnere mich noch gut, wie erstaunt ich über ihren vollmundigen Geschmack war. Ich hatte so oft gehört, Radieschen wären holzig und scharf, und nun wurde ich eines Besseren belehrt. Frisch geerntet sind sie geradezu saftig und unaufdringlich im Geschmack. Einige Sorten sind etwas schärfer, das stimmt, doch wenn man sie nach der Ernte süß einlegt (siehe Aufbewahrungslösungen in diesem Kapitel), ist davon nichts mehr zu spüren.

Wer Radieschen im Küchengarten anbaut, wird oft schon drei Wochen nach

Die wohl nützlichste Eigenschaft von Radieschen (beim Anbau im Haus und im Freien) ist ihre kurze Reifezeit. Oft kann man schon nach weniger als einem Monat die erste Pflanze ernten.

der Aussaat mit farbenprächtigen Knollen belohnt. Abgesehen von den Knollen sind aber auch die Blätter zum Verzehr geeignet.

Vorbereitung

Einträgliche Sorten für den Küchengarten

Da die Knollen der Radieschen unter der Erde wachsen, sollten Sie Sorten wählen, die in Ihrem Pflanzgefäß genügend Platz finden. Zum Experimentieren mit länglichen Knollen in tiefen Gefäßen würde sich Daikon-Rettich gut eignen. Er wird bis zu 45 cm lang und hat eine Reifezeit von etwa zwei Monaten. In der Regel entscheide ich mich jedoch für schnell wachsende Sorten, die mit wenig Platz auskommen. Hier ist eine kleine Auswahl dazu:

- *„French Breakfast“:* Mehr zylindrisch als rund, ist diese Sorte vor allem wegen ihrer weißen Knollenspitze und ihres knackigen Bisses beliebt.

Radieschen: Sorte „French Breakfast“

Tassen, Töpfe und andere Gefäße

Ich pflanze meine Radieschen gern in schmalen, rechteckigen Blumenkästen, weil das dem Anbau am Feld am nächsten kommt. Sie können aber genauso gut ein rundes Gefäß nehmen und die Radieschenblätter wie einen dichten Busch in die Höhe wachsen lassen. Der Abstand zwischen den Knollen sollte mindestens ein paar Zentimeter betragen, damit sie sich beim Heranreifen nicht gegenseitig behindern.

- *„Cherry Belle“:* Ihre Reifezeit beträgt weniger als einen Monat, sie ist mild im Geschmack und hat eine kirschrote Farbe, die ihrem Namen voll und ganz gerecht wird.

Radieschen: Sorte „Cherry Belle“

Wachstumsbedingungen

Im Gemüseanbau werden Radieschen oft als Vorkultur gepflanzt, weil sie sich bei kühleren Temperaturen sehr wohl fühlen. Das erklärt auch, warum sie mit unter den ersten Feldfrüchten sind, die geerntet werden.

Planen Sie die Aussaat nach Möglichkeit für die ersten Frühlings- oder Herbstwochen ein. Radieschen, die im Haus wachsen, sind von Temperaturschwankungen weniger stark betroffen als jene am Feld, doch auch sie profitieren von einer konstant kühlen Umgebungstemperatur.

Die Anzuchterde sollte für Zimmerpflanzen geeignet sein und eine gute Drainage ermöglichen. Da Radieschen in einem nährstoffreichen Boden besonders gut gedeihen, können Sie auch ein wenig Kompost unter die Erde mischen.

Aussaat und Pflege

Erste Schritte

Drücken Sie die Radieschensamen mit Ihrem Finger gut 1 cm tief in die Erde. Da ich darauf bedacht bin, eine möglichst hohe Stückzahl zu erreichen, säe ich die Samen im Abstand von nur 5 cm, wohl wissend, dass ich zu einem späteren Zeitpunkt womöglich ein paar der Pflanzen entfernen muss, damit die größeren Knollen mehr Raum zum Wachsen haben.

Bedecken Sie die Samen mit etwas Erde und befeuchten Sie die Aussaat mit einem Wasserzerstäuber. Stellen Sie das Gefäß an einen sonnigen Ort oder unter eine Vollspektrum-Leuchtstofflampe. Um den Keimprozess in Gang zu setzen, können Sie mithilfe einer Plastikfolie, die Sie über das Gefäß spannen, eine Art „Mini-Gewächshaus" konstruieren. Schon nach wenigen Tagen in diesem feuchtwarmen Milieu werden die Samen ihre ersten Sprosse aus der Erde strecken und Sie können die Folie wieder entfernen. Besprühen Sie die Erde mit Wasser, bis der Boden ausreichend befeuchtet ist.

Säen Sie die Samen in einem Abstand von etwa 5 cm, mit einer Pflanztiefe von gut 1 cm. (LINKS) Bedecken Sie die Samen mit einer dünnen Erdschicht, befeuchten Sie den Boden mit einem Zerstäuber und verschließen Sie das Pflanzgefäß anschließend für ein paar Tage mit einer Plastikfolie. (UNTEN RECHTS)

Wachstum fördern

Hier sind einige Tipps für einen ertragreichen Anbau:

- Halten Sie die Erde feucht. Im Gegensatz zu vielen anderen Pflanzen, die man nur dann gießen sollte, wenn die Erde besonders trocken wirkt, profitieren Radieschen von einem geregelten Bewässerungsplan. Dadurch wachsen sie schneller und bilden einen milderen Geschmack aus. Wenn das Wachstum ins Stocken gerät oder die ausgewachsenen Knollen zu lange in der Erde liegen, werden sie holzig und pfeffrig im Geschmack.
- Erweitern Sie Ihre Radieschenkultur alle paar Wochen durch eine frische Aussaat in zusätzlichen Pflanzgefäßen. Auf diese Weise sichern Sie sich eine fortwährende Ernte über mehrere Monate.

Komplikationen & Maßnahmen

Bedenkliche und unbedenkliche Begleiterscheinungen im Radieschenanbau:

Die Blätter sind braun und/oder kraftlos
Sehr wahrscheinlich leiden die Pflanzen unter einem zu starken Lichteinfall. Wechseln Sie den Stellplatz, um die Pflanze vor direktem Sonnenlicht zu schützen oder erhöhen Sie den Abstand zur Gewächslampe.

Die Knollen haben zu wenig Platz zum Wachsen
Am Feld pflanzen wir Radieschen in relativ geringem Abstand zueinander und selektieren später die schlechter wachsenden Sämlinge aus, um möglichst viele robuste Knollen zu erhalten. Beim Radieschenanbau im Haus sollten Sie die Samen nicht ganz so eng streuen. Wenn es dennoch zu einem Platzmangel im Gefäß kommt, entfernen Sie die weniger kräftigen Pflänzchen und genießen Sie die frischen Radieschenblätter zu Ihrem nächsten Salat.

Meine Radieschen sind hart, trocken und holzig
Daran lässt sich leider nichts mehr ändern. Achten Sie in Zukunft darauf, die Radieschen früher zu ernten, solange sie noch jung und saftig sind. Die Annahme, Radieschen würden besser schmecken, wenn sie groß und rund sind, wird sich bei einem Großteil der Sorten nicht bewahrheiten.

Pflücken Sie die Radieschen, solange sie noch relativ klein sind.

Ernte und Aufbewahrung

Bereitmachen für die Ernte

Bei Radieschen und Karotten treten die Fruchtkörper oft ein wenig aus der Erde hervor, wenn die Pflanzen erntereif sind. Dadurch lässt sich ihre Größe besser einschätzen. Im Falle der Radieschenknolle sollte der Durchmesser zum Zeitpunkt der Ernte etwa 2,5 cm betragen.

Bleibt die Knolle unter der Erde verborgen, können Sie sich mit Ihrem Finger behutsam ins Erdreich vortasten, um eine ungefähre Idee vom Wachstumsfortschritt des Radieschens zu bekommen. Wenn die Knolle noch zu klein ist, bedecken Sie sie wieder mit Erde und gewähren Sie ihr noch ein paar Tage Zeit, um reif zu werden.

Zum Pflücken der Radieschen umfassen Sie die Blätter ganz einfach oberhalb ihres Stielansatzes und ziehen die Knolle aus dem Boden. Das gelingt in der Regel ganz schnell und ohne großen Kraftaufwand.

Ernten Sie die Radieschen, sobald sie einen Durchmesser von 2,5 cm haben – wird die Knolle größer, beginnt sie zu verholzen. (OBEN) Ein bis zwei würzige Radieschen zum Abendbrot harmonieren geschmacklich hervorragend mit Keimpflanzen und Sprossengemüse aus Ihrem Küchengarten. (UNTEN)

Aufbewahrungslösungen

Waschen Sie die Radieschen erst kurz vor dem Verzehr. So bleiben sie länger frisch und können über mehrere Wochen gelagert werden. Es genügt, sie nach der Ernte von groben Erdresten zu befreien. Sie können die Knollen in einem Plastikbeutel im Gemüsefach aufbewahren oder aber das unten stehende Rezept ausprobieren. Während der Erntezeit werden in unserem Betrieb einmal wöchentlich Radieschen auf diese Weise eingemacht und ich finde, dieses Rezept bringt den Geschmack der einzelnen Radieschensorten richtig gut zur Geltung.

Süß eingelegte Radieschen

10 Radieschen (entspricht etwa 500 g)
120 ml Apfelessig
75 g unbehandelter Honig
60 g Vollrohrzucker
60 ml Wasser
2 EL Einmachsalz
2 EL Senfkörner
2 TL gemahlener Ingwer
1 TL Kurkuma
1 Knoblauchzehe, in dünne Scheiben geschnitten

1. Säubern Sie die Knollen und entfernen Sie Blätter und Wurzelenden. Schneiden Sie die Radieschen in dünne Scheiben oder zerteilen Sie sie in grobe Stücke.
2. Füllen Sie die übrigen Zutaten in einen Kochtopf und kochen Sie sie so lange, bis Honig und Zucker geschmolzen sind. Belassen Sie den Topf bei geringer Hitze auf der Herdplatte.
3. Schichten Sie die Radieschen dicht übereinander in Einweckgläser.
4. Gießen Sie die heiße Zuckermischung in die Gläser und drücken Sie mit einem Löffel einige Male auf die Radieschen, um etwaige Luftblasen zu entfernen.
5. Bewahren Sie die Gläser im Kühlschrank auf. Vor dem ersten Öffnen sollten mindestens acht Stunden vergangen sein.

Hinweis: Je nachdem, welche Gewürze Sie zu Hause haben, können Sie die Zutatenliste nach Ihrem Geschmack abändern. Verwenden Sie weniger Zucker, wenn Ihnen die Radieschen zu süß sind oder wenn Sie den Rettichgeschmack stärker hervorheben möchten. Da die Gläser im Kühlschrank aufbewahrt werden, ist die Zubereitung nicht ganz so streng, wie bei herkömmlichen Einmachrezepten.

KAROTTEN

Im Vergleich zur Supermarktware sind Karotten aus dem Küchengarten um einiges intensiver im Geschmack und eignen sich daher wunderbar als Zutat für Suppen und Eintöpfe.

Ehrlich gesagt ist es gar nicht so einfach, Karotten als Kübelpflanzen anzubauen, doch mit den richtigen Sorten können Sie Ihre Chancen auf Erfolg verbessern. Für den Anbau am Feld greife ich mit Vorliebe zu bunten Karottensorten, deren lange Rüben violett oder dunkelrot gefärbt sind und, wenn man sie nach der Ernte aufschneidet, mit einem kräftigen Orange überraschen.

So gern ich diese farbenprächtigen Sorten auch in meinem Haus anbauen würde, aufgrund ihrer beachtlichen Wurzeltiefe sind sie als Zimmergemüse eine erdenklich schlechte Wahl. Doch zum Glück gibt es andere, kleinwüchsige Sorten, die mindestens genauso viel Freude bereiten. Generell rate ich Ihnen dazu, sich Ihren Küchengarten bescheiden einzurichten; ein bis zwei Töpfe von jedem Gemüse reichen im Allgemeinen aus.

Ob es mir Spaß machen würde, mein Arbeitszimmer in ein Karottenfeld zu verwandeln, das von Radieschen und Pfefferoni gesäumt ist? Aber klar. Vielleicht entschließe ich mich eines Tages dazu, Hochbeete an allen weniger genutzten Flächen meines Hauses zu errichten …

Dann wäre ich wohl eine dieser Verrückten, die mitten in der Nacht Besuch von der Drogenschutzpolizei bekommen, weil die Nachbarn riesige Gewächslampen durch die Fenster leuchten sehen.

Bis es allerdings so weit ist, widmen wir uns nun jenen Karottensorten, die in kleinerem Rahmen angebaut werden können.

Vorbereitung

Einträgliche Sorten im Küchengarten

Falls Sie keine Karotten mit langen Rüben anbauen können (es sei denn, Sie haben einen Wintergarten, in dem Sie tatsächlich Hochbeete bepflanzen – in diesem Fall volle Kraft voraus!), bleiben viele rundliche und zylinderförmige Sorten zur Auswahl:

- *„Parisienne"*: Sie sieht aus wie ein Radieschen, schmeckt aber wie eine Karotte und ist unkompliziert im Anbau. Wenn eine Rübe das Attribut „unwiderstehlich" verdient hat, dann ist es diese.

Karotten: Sorte „Parisienne"

- *„Tonda di Parigi"*: Diese Karotte im Radieschen-Format sieht der oben abgebildeten „Parisienne" sehr ähnlich. Sie wird nach einer Reifezeit von nur 60 Tagen mit einer Größe von rund 5 cm geerntet.

Ebenso geeignet sind Karotten der Sortengruppe „Nantes", die zylinderförmige Rüben ausbilden. Sie sind etwas kürzer und dicker als herkömmliche Karotten, kommen ihnen aber in der Form schon recht nahe.
Weitere Sorten dieser Art sind:

- *„Shin Kuroda"*: Diese japanische Sorte hat eine Reifezeit von 75 Tagen. Sie besitzt einen sehr feinen Geschmack und wird etwa 8–13 cm lang.
- *„Danvers Half Long"*: Wenn Sie in Ihrem Pflanzgefäß Platz für eine 18 cm lange Karotte haben, versuchen Sie es mit dieser geschmackvollen, zuverlässigen Sorte.

Karotten der Sortengruppe „Nantes"

- *„Little Finger"*: Obwohl sie etwas mehr Zeit zum Reifen braucht, wird diese Karotte nur 8 cm lang und ist daher wie geschaffen für den Anbau im Topf.

Tassen, Töpfe und andere Gefäße

Selbst bei kleinwüchsigen Sorten sollte das Pflanzgefäß mindestens 30 cm hoch sein. Die Rübe wird diese Länge zwar nicht erreichen, doch sie benötigt den Freiraum nach unten hin, um ein intaktes Wurzelsystem auszubilden.

Die Form des Behälters ist Nebensache und dient lediglich dazu, optische Akzente zu setzen. Sie können einen rechteckigen Behälter wählen, um die Anbauweise am Feld nachzuahmen, oder sich für einen runden Topf entscheiden und die fransigen Stiele wie ein verheddertes Wollknäuel abstehen lassen. Von Pflanzgefäßen aus Terrakotta ist im Gemüseanbau generell abzuraten, da sie dazu neigen, dem Boden Feuchtigkeit zu entziehen. Bei regelmäßigem Gießen kommen Karotten im Terrakottatopf allerdings weit besser klar als etwa Gartensalat.

Achten Sie darauf, dass das Pflanzgefäß sauber ist, vor allem dann, wenn Sie es bereits zuvor für den Anbau benutzt haben. Da Karotten als Wurzelgemüse in die Erde hineinwachsen, sind sie besonders anfällig für Krankheitserreger, die sich im Nährboden vermehren.

Vorbereitung des Nährbodens

Der Boden muss schön locker sein, denn selbst kleine Verklumpungen im Erdreich können das Wachstum der Pflanze behindern. Mischen Sie etwas Vermiculit in die Pflanzerde, um die Drainagefähigkeit des Bodens zu verbessern, oder verzichten Sie gänzlich auf Erdbestandteile im Substrat. Eine Mischung aus Kompost und Sand wäre eine geeignete Alternative.

Dies ist eine gute Gelegenheit, um erste Erfahrungen mit Kokosfaserblöcken zu sammeln. Sie können den Kokosfaserblock als kohlenstoffreichen Boden unter die Pflanzerde legen oder kleine Stücke davon abbrechen und in das Substrat einarbeiten, um es besonders locker und luftdurchlässig zu machen. Kokosfasern eignen sich zudem hervorragend als Beigabe zum Komposthaufen und als Ausgangsmaterial in der Wurmkompostierung. Sollte Ihr nächster Schritt auf Ihrem Weg zum Gartenprofi die Errichtung eines Wurmkomposters sein, würden Sie gut daran tun, Kokosfasern ganz oben auf Ihre Einkaufsliste zu setzen.

Kokosblöcke bestehen aus komprimierten Kokosfasern. Sie können Stücke davon abbrechen, mit Kompost vermischen und so den perfekten Nährboden für Ihre Karottenpflanzen herstellen.

Aussaat und Pflege

Erste Schritte

Karotten haben es gern kühl. Genauso wie Radieschen fühlen sie sich in den ersten Frühlings- und Herbstwochen auf dem Feld am wohlsten. Im Haus können sie hingegen das ganze Jahr hindurch angebaut werden, solange es an ihrem Standort nicht zu heiß wird.

Befüllen Sie Ihr Pflanzgefäß bis 2,5 cm unter den Rand mit dem vorbereiteten Substrat. Drücken Sie mit Ihrem Finger an jenen Stellen, an denen später die Karotten wachsen sollen, ein 1 cm tiefes Loch in die Erde. Der Abstand zwischen den Löchern sollte mindestens 7–8 cm betragen.

Um möglichst viele robust gewachsene Karotten ernten zu können, legen Sie zwei bis drei Samen in jedes Pflanzloch. Wenn mehr als ein Samen heranreift, ziehen Sie die weniger robusten Keimlinge frühzeitig aus der Erde, damit sich in jedem Loch die kräftigste Pflanze voll entwickeln kann. Bedecken Sie die Samen mit einer dünnen Schicht Erde oder Vermiculit. Gehen Sie dabei äußerst behutsam vor, denn zu viel Druck würde die Erde verdichten und die Keimung beeinträchtigen.

Gießen Sie ausreichend Wasser ins Pflanzgefäß; der Boden sollte gut durchnässt sein, aber nicht unter Wasser stehen. Richten Sie das Gefäß so aus, dass die Pflanzen mindestens sechs Stunden Licht am Tag bekommen. Karotten würden zwar auch im Schatten ganz gut wachsen, doch mit ein wenig direktem Sonnenlicht gedeihen sie noch besser.

Drücken Sie mit dem Finger 1 cm tiefe Pflanzlöcher im Abstand von 7–8 cm in die Erde. (RECHTS) Streuen Sie etwas Erde oder Vermiculit über die verpflanzten Samen und gießen Sie die Karotten regelmäßig bis zur Ernte. (UNTEN)

Wachstum fördern

Hier sind ein paar Tipps für einen ertragreichen Anbau:

- Achten Sie besonders an wärmeren Tagen auf ausreichend Feuchtigkeit im Boden. Aufgrund der lockeren Struktur des (erdfreien oder erdhaltigen) Substrates müssen Karotten häufiger gegossen werden als andere Gemüsepflanzen. Zwar würde ihnen eine kurzzeitige Trockenperiode nicht allzu viel ausmachen, doch eine konstante Bodenfeuchtigkeit erleichtert den Wachstumsfortschritt.
- Wenn die Pflanzen nur sehr langsam wachsen, können Sie sie über mehrere Wochen hinweg einmal wöchentlich düngen. Solange das Wachstum stetig voranschreitet, ist diese Maßnahme jedoch nicht unbedingt erforderlich.
- Selektieren Sie die kleineren, weniger robusten Pflanzen aus, indem Sie sie behutsam aus der Erde ziehen. Achten Sie darauf, die Wurzeln der verbleibenden Karotten nicht zu schädigen.

Komplikationen & Maßnahmen

Bedenkliche und unbedenkliche Begleiterscheinungen im Karottenanbau:

Die Blätter hängen schlaff ins Gefäß

Aufrecht wachsende Blätter sind wichtig für die gesunde Entwicklung der Pflanze. Schichten Sie etwas mehr Erde rund um die Stiele auf, um sie zu stützen, bis sie sich wieder von alleine aufrichten. Eine zusätzliche Erdschicht ist auch dann von Nutzen, wenn die Karottenköpfe zu früh aus der Erde treten, denn sie verhindert, dass die Rüben grün und bitter werden.

Weiße Flecken auf Blättern und/oder Boden

Da Karotten häufiger gegossen werden als andere Gemüsepflanzen, sind sie besonders anfällig für Mehltau. Mehltau bildet sich auch auf dem Feld oder im Gemüsebeet, wenn es über Tage zu viel geregnet hat. Die Ernte kann aber noch gerettet werden: Bekämpfen Sie den Pilz mit einem handelsüblichen Fungizid-Spray oder rühren Sie aus den folgenden Zutaten ein sehr effektives biologisches Pflanzenschutzmittel an:

- 3,5–4 l lauwarmes Wasser
- 1 EL Natron
- 2–3 Tropfen milde Flüssigseife (z. B. „Dr. Bronner's")
- 1 TL Olivenöl

Verrühren Sie die Zutaten sorgfältig, füllen Sie die Lösung in eine Zerstäuberflasche und besprühen Sie die befallenen Stellen einmal täglich. Die Lösung verändert den pH-Wert an der Blattoberfläche, sodass sich der Pilz zurückzieht.

Ernte und Aufbewahrung

Bereitmachen für die Ernte

Ähnlich wie bei den Radieschen wächst der unterirdische Teil der Karotte ein wenig aus der Erde hervor, wenn die Pflanze erntereif ist. Dadurch gewinnt man einen guten Eindruck von ihrer Größe.

Bleibt die Rübe unter der Erde verborgen, können Sie sich mit Ihrem Finger behutsam ins Erdreich vortasten, um den Wachstumsfortschritt der Karotte zu bestimmen. Wenn die Rübe noch zu klein ist, bedecken Sie sie wieder mit Erde und sehen Sie nach einigen Tagen nochmals nach ihr. Es kann vorkommen, dass Karotten zu früh aus der Erde wachsen und sich ihre Köpfe grün zu verfärben beginnen. Reagieren Sie rasch, indem Sie die Erde rund um die exponierten Stellen anhäufeln und so dafür sorgen, dass die Rübe bis zu ihrer Ernte bedeckt bleibt.

Zum Pflücken der Karotten umfassen Sie die Blätter ganz einfach oberhalb ihres Stielansatzes und ziehen Sie die Rüben aus dem Boden. Das gelingt in der Regel ganz schnell und ohne großen Kraftaufwand.

Aufbewahrungslösungen

Karotten sind besonders lange lagerfähig und werden deshalb, gemeinsam mit anderem Wurzelgemüse, häufig in Erdkellern aufbewahrt. Dabei ist es wichtig, sie nach der Ernte nicht zu waschen (erst vor dem Verzehr) und die Rüben nach Möglichkeit so einzulagern, dass sie einander nicht berühren.

Die Blätter müssen nach der Ernte in jedem Fall entfernt werden, denn sie entziehen der Rübe Feuchtigkeit und würden rasch verderben. Bei korrekter Lagerung sind Karotten im Kühlschrank bis zu drei Monate haltbar.

Gegen Ende ihrer Wachstumszeit treten die Köpfe der Karotten aus der Erde hervor und lassen erkennen, ob das Gemüse reif für die Ernte ist. Als guter Richtwert gilt ein Durchmesser von 2,5 cm.

Ob im Haus oder im Garten – bei kaum einem anderen Gemüse ist die Ernte so spannend.

GRÜNKOHL & MANGOLD

Grünkohl und Mangold zählen neben Gartensalat zu meinen liebsten Gemüsebeilagen. Wir bauen große Mengen davon auf unseren Feldern an und aufgrund ihres hohen Nährwertgehaltes habe ich ihnen auch in meinem Küchengarten einen Dauerplatz eingerichtet. Dort wachsen sie, groß und schön und kräftig, umgeben von winzigen Keimpflanzen der gleichen Gemüsesorten.

Bevor ich Gemüsebäuerin wurde, war mir gar nicht bewusst, wie vielfältig diese beiden Gemüse eigentlich sind, da die Auswahl an Grünkohl und Mangold im örtlichen Supermarkt äußerst bescheiden ist. Wenn man allerdings den Stein ins Rollen bringen möchte und einen Blick in den einen oder anderen Saatgutkatalog wirft, wird man viele schöne Sorten für den Anbau finden.

Grünkohl und Mangold beflügeln unsere Gesundheit auf ganz unterschiedliche Weise, sind sich im Hinblick auf ihren Anbau jedoch sehr ähnlich, weshalb ich sie in diesem Kapitel gemeinsam an den Start gehen lasse. Bei anderen Blattkohlsorten habe ich die Erfahrung gemacht, dass viele von ihnen erst dann richtig gut schmecken, wenn sie zu voller Reife gebracht werden – und dazu ist meist ein ziemlich großes Pflanzgefäß erforderlich. Wenn Sie jedoch ein geeignetes Gefäß zur Verfügung haben und Kohl besonders gern essen, zögern Sie nicht, die folgenden Anbauschritte auch für andere Blattkohlsorten auszuprobieren.

Mangold gibt als Topfpflanze einiges her. Rote (im Bild) und knallbunte Sorten sorgen für ein glanzvolles Farbenspiel in Ihrem Küchengarten.

(GEGENÜBERLIEGENDE SEITE) Grünkohl und Mangold sind sehr nährstoffreich und setzen mit ihrer ungewöhnlichen Blattstruktur stimmungsvolle Akzente.

Vorbereitung

Einträgliche Sorten für den Küchengarten

Grünkohl ist äußerst vielfältig. Einige Sorten können über 1 m hoch werden, während andere bodennah und gedrungen wachsen wie Weißkohl. Im Haus setze ich bevorzugt auf Sorten, die wenig Platz brauchen und mit ihrer Form und Farbe begeistern. Hier sind einige Beispiele:

- *„Dwarf Blue Curled":* Kleinwüchsige Grünkohlsorten sind für den Küchengarten perfekt geeignet, da sie mit wenig Platz auskommen. Dieser Zwerg-Grünkohl hat eine Reifedauer von 55 Tagen; die Blätter sind stark gekräuselt und weisen einen leichten Blaustich auf.

Dieser Zwerg-Grünkohl ist einer von vielen seiner Art.

- *„Red Russian":* Dank seines milden Geschmacks kann er roh genossen werden, etwa als Zutat zu Salaten. Er beeindruckt durch seine violetten Stiele und die dunklen, rötlich-grünen Blätter.

Sibirischer Staudenkohl „Red Russian"

- *„Palmkohl":* Auch bekannt als „Schwarzkohl" oder „Nero di Toscana", hat dieser Kohl viele begeisterte Anhänger. Ich mag ihn wegen seiner wunderbar festen Blätter, die auch während des Kochens ihre Form behalten.

„Palmkohl" oder „Schwarzkohl"

Mangold ist eine schmackhafte Beilage zu vielen Gerichten. Besonders gut gefällt mir die Sorte „Bright Lights" (auch als Regenbogen-Mangold bekannt), deren leuchtend rote bis goldgelbe Stiele ihre kräftigen Farben während des Kochens beibehalten. Für die Zimmerkultur gut geeignet sind unter anderem auch die folgenden Sorten:

Mangold: Sorte „Bright Lights"

- „*Peppermint*": Wie aufregend es doch wäre, einen Mangold mit Minzgeschmack auf dem Teller zu haben. Der Name erlaubt hier jedoch keine Rückschlüsse auf den Geschmack. Diese Sorte gefällt wegen ihrer pink-weiß gestreiften Stiele und kann im Baby-Format bereits 30 Tage nach der Aussaat geerntet werden.

- *Orange- oder gelbfarbener Mangold:* Anders als die meisten Gemüse wird Mangold nur selten mit fantasievollen Namen ausgestattet, sondern vielmehr nach den Farben seiner Stiele und Blätter eingeteilt. Orange, Gelb, Rosa, Rot, Weiß und Grün stehen zur Auswahl.

Gelber Mangold

Tassen, Töpfe und andere Gefäße

Obwohl Sie vorwiegend auf kleinere Grünkohl- und Mangoldsorten zurückgreifen werden, sollten Sie den Pflanzen ausreichend Raum zum Wachsen bieten. Dies ist eine gute Gelegenheit, um einen großen Pflanztopf gekonnt in Szene zu setzen. Zwar habe ich auch schon versucht, Mangold in mittelgroßen Gefäßen anzubauen, doch meine Erfolge damit waren eben nur mittelprächtig. Weitaus besser bewährt haben sich große, rechteckige Töpfe, die mühelos unter meine Vollspektrum-Leuchtstoffröhren passen.

Wachstumsbedingungen

Auch wenn die Versuchung groß ist, dieses farbenfrohe Gemüse bereits in den kargen Wintermonaten anzupflanzen, sollten Sie sich mit dem Anbau nach Möglichkeit bis zum Frühlings- oder Herbstbeginn gedulden. Denn selbst mit reichlich Licht und Wärme würden die Samen im Winter nur langsam heranreifen und die Pflanze würde schmal und zierlich bleiben. Im Frühherbst hingegen kann das Wachstum zeitgerecht voranschreiten und Sie werden noch vor Anbruch der kalten Jahreszeit mit einer reichen Mangolddernte belohnt.

Die Pflanzerde sollte für Zimmerpflanzen geeignet sein und einen raschen Wasserabzug ermöglichen. Bei Bedarf können Sie den Nährwertgehalt im Boden mit etwas Kompost aufbessern.

Aussaat und Pflege
Erste Schritte

Um bereits vor der Aussaat für ausreichend Feuchtigkeit im Boden zu sorgen, ist es ratsam, die Pflanzerde mit Wasser zu vermischen. Der optimale Wassergehalt lässt sich ganz einfach ermitteln, indem Sie eine Handvoll der vorbereiteten Erde in Ihrer Faust zusammendrücken. Wenn ein paar Tropfen Wasser austreten, ist die Mischung perfekt. Rinnt mehr Wasser ab, müssen Sie mehr trockene Erde zugeben. Bleibt Ihre Faust trocken, gießen Sie noch ein wenig Wasser nach.

Füllen Sie die Erde in Ihr Pflanzgefäß (falls Sie die Mischung woanders angerührt haben) und lassen Sie etwa 2,5 cm zum oberen Rand hin frei.

Eine weitere Möglichkeit, die Startvoraussetzungen zu verbessern, ist das Einweichen der Samen in lauwarmem Wasser für ein paar Stunden vor der Aussaat. Das hilft den Samen dabei, Feuchtigkeit zu speichern, und ist vor allem bei trockener Umgebungsluft eine wirksame Methode, den Keimungsprozess in Gang zu setzen.

Drücken Sie mit dem Finger 1 cm tiefe Pflanzlöcher im Abstand von mindestens 13 cm in die Erde und streuen Sie zwei bis drei Samen in jede Einbuchtung.

Bedecken Sie die Samen mit einer dünnen Schicht Erde und befeuchten Sie den Boden mit einem Wasserzerstäuber. Stellen Sie das Pflanzgefäß an einen sonnigen Ort oder unter eine Gewächslampe.

Wachstum fördern

Hier sind ein paar Tipps für einen ertragreichen Anbau:

- Wenn das Wachstum allzu langsam vorangeht, tragen Sie eine Mulchschicht aus Kompost, Kokosfasern, Rasenschnitt oder getrocknetem Laub um die Pflanze herum auf. Mit einem Bio-Dünger, zum Beispiel aus Seetang, können Sie die Nährstoffversorgung der Pflanze noch weiter verbessern.
- Fühlen Sie, ob der Boden feucht ist, ehe Sie die Pflanze gießen. Dadurch verhindern Sie eine Überwässerung des Bodens und beugen Wurzelfäule vor.

Lassen Sie Grünkohl- und Mangoldsamen vor der Aussaat einige Stunden lang in lauwarmem Wasser quellen.

Blattgemüse braucht viel Luft zum Atmen. Stellen Sie die Pflanzen nicht zu eng nebeneinander auf und sorgen Sie für ausreichend Zugluft.

Sorgen Sie für eine gute Belüftung. Grünkohl und Mangold sind reich an Antioxidantien (diese helfen, freie Radikale unschädlich zu machen, die durch UV-Strahlung, Abgase, Medikamente und Umweltgifte im Körper angereichert werden und zu Zellschäden führen), die von der Pflanze als Reaktion auf natürliche Umwelteinflüsse (u. a. Wind) produziert werden. Mit einer guten Belüftungsstrategie (siehe Seiten 42–43) können Sie die Wachstumsbedingungen im Freien nachahmen und die pflanzlichen Abwehrkräfte stärken. Ändern Sie die „Windrichtung" von Zeit zu Zeit und achten Sie darauf, dass der Luftstrom die Pflanzen nicht zu sehr beansprucht, sondern gerade stark genug ist, dass sie sich dagegen zur Wehr setzen müssen.

Komplikationen & Maßnahmen

Bedenkliche und unbedenkliche Begleiterscheinungen beim Anbau von Grünkohl und Mangold:

Die Keimung dauert ungewöhnlich lange
Es gibt viele Gründe, die zu einer verzögerten Keimung führen können. Vielleicht ist der Standort zu warm oder zu kalt oder zu dunkel. Stellen Sie das Pflanzgefäß näher ans Licht, besprühen Sie die Erde erneut mit Wasser und bedecken Sie das Gefäß mit Plastikfolie, um das perfekte Mikro-Klima für die Keimung der Samen herbeizuführen.

Die Pflanzen scheinen einander im Weg zu sein
Ziehen Sie die weniger robusten Pflanzen aus dem Boden oder schneiden Sie sie knapp über den Wurzeln ab. Die kräftigeren Pflanzen haben nun mehr Platz zum Wachsen und die geernteten Blätter können direkt gegessen werden.

Ernte und Aufbewahrung

Bereitmachen für die Ernte

Grünkohl und Mangold können zu jedem beliebigen Zeitpunkt ihres Reifeprozesses geerntet werden, egal ob als Keimpflanzen oder als ausgewachsenes Gemüse. Im Haus warte ich mit der Ernte für gewöhnlich, bis die Blätter in etwa der Größe meiner Handfläche entsprechen. Am Feld ernten wir sie hingegen erst, wenn sie ungefähr die Länge meines Unterarms haben.

Setzen Sie das Messer bei der Ernte tief unten an den Stielen an, denn die Stiele können wunderbar für Gemüsepfannen verwendet oder, kurz überdünstet, als knackige Gemüsebeilage gereicht werden. Achten Sie darauf, den inneren Teil der Pflanze intakt zu lassen, damit daraus neue Blätter reifen können. Wenn Sie die inneren Blätter entfernen, würde die Pflanze frühzeitig verenden.

Aufbewahrungslösungen

Genauso wie Blattsalat ernte ich Grünkohl und Mangold in der Regel erst unmittelbar vor dem Verzehr bzw. vor dem Entsaften. Wenn ich die Blätter doch einmal für ein paar Tage aufbewahren muss, lege ich sie entweder in einem Plastikbeutel ins Gemüsefach oder stelle sie in einem verschlossenen Glas auf eines der unteren Fächer in meinem Kühlschrank. Auf den unteren Fächern ist es kühler und das Gemüse bleibt länger frisch und knackig.

SPINAT

Technisch gesehen könnte Spinat in einer Gruppe mit Grünkohl und Mangold genannt werden, doch ich habe mich dazu entschieden, ihm ein eigenes Kapitel zu widmen, weil es ein paar Besonderheiten zu beachten gibt und weil ich aufzeigen möchte, wie großartig dieses Gemüse ist.

Als Kind war mir Spinat aufs Tiefste verhasst. Er kam, wie so vieles andere auch, aus der Dose und hatte die Form eines grünen, matschigen Klumpens, der wie alte, schmutzige Unterwäsche roch. Er hatte einen beißenden, galligen Geruch, der sich in seinem Geschmack widerspiegelte, und nichts und niemand hätte mich dazu bringen können, den Spinat auf meinem Teller aufzuessen. Jahre später, als ich aufgehört hatte, Fertigprodukte als Hauptmahlzeit zu mir zu nehmen, bin ich auf frischen Spinat gestoßen. Mit seinen zarten Blättern sah er tatsächlich aus wie eine Pflanze und nicht wie ein matschiger Klumpen. Heute macht es mir große Freude, Spinat anzubauen, und ich blicke mit einem Schmunzeln darauf zurück, wie sehr sich doch mein Ernährungsstil geändert hat. Spinatpflanzen sind oft derart robust, dass sie über Monate hinweg beerntet werden können, und ihre Blätter schmecken, vor allem in gedünsteter Form, ganz vorzüglich. Spinat wächst in meinem Küchengarten den ganzen Winter über. Er versorgt mich mit vielen wichtigen Nährstoffen und ist zum Glück überhaupt nicht nachtragend, weil ich ihn als Kind so lange Zeit verschmäht habe.

(GEGENÜBERLIEGENDE SEITE) Spinat darf im Haus ruhig etwas enger gesät werden.

Vorbereitung

Einträgliche Sorten für den Küchengarten

Unter den vielen verschiedenen Spinatsorten gibt es einige, die als „Junger Spinat" oder „Baby-Leaf" gekennzeichnet sind. Diese sind für den Anbau im Haus am besten geeignet, da sie geerntet werden, solange die Blätter noch klein sind. Junger Spinat ist mild und knackig und kann zusammen mit Blattsalat in einer bunten Salatschüssel angerichtet werden. Die folgenden Sorten könnten Ihnen gefallen:

- „Catalina": Diese Sorte wird für den Anbau im Haus am häufigsten verwendet. Die tiefgrünen, ovalen Blätter sind besonders geschmackvoll und wachsen schnell.

Baby-Leaf-Spinat: Sorte „Catalina"

- „Emu": Mit seinen spitz zulaufenden Blättern bildet er einen schönen Kontrast zu ovalen Sorten wie „Catalina".

Spinat: Sorte „Emu"

- „Red Cardinal": Diese Sorte bringt Farbe ins Spiel. Ihre dunkelgrünen Blätter sind von roten Blattadern durchzogen, die aus den rötlichen Stielen wachsen. Sie wird als Junger Spinat kultiviert, hat jedoch den Nachteil, dass sie weniger lang beerntet werden kann als andere Sorten.

Rote Spinatsorten

- „Red Kitten": Ebenfalls rot und mit einer deutlich längeren Lebenserwartung präsentiert sich diese erlesene Spinatsorte. Sie wächst allerdings etwas langsamer als „Red Cardinal".

Tassen, Töpfe und andere Gefäße

Da die Wurzeln der Spinatpflanze nicht sehr tief in den Boden reichen, können Sie flachere Gefäße für den Anbau verwenden. Auch Anzuchtschalen, wie sie beim Anbau von Keimpflanzen und Keimlingen zum Einsatz kommen, sind gut geeignet, solange sie eine Mindesthöhe von 15 cm haben. Achten Sie darauf, bereits gebrauchte Pflanzgefäße gut zu reinigen, ehe Sie Ihre Spinatsamen darin säen.

Ich finde rechteckige Tröge sehr praktisch, weil sie unter den Gewächslampen auf meinem Regal Platz finden, doch ich habe auch schon viele andere Anbaumöglichkeiten gesehen, vom ausgedienten Plastikbecher, in dem eine einzelne Pflanze liebevoll kultiviert wurde, bis hin zur großen Kräuterschale, in der Spinat inmitten wohlriechender Kräuter wuchs.

Wachstumsbedingungen

Spinatpflanzen fühlen sich bei kühleren Temperaturen wohler, daher sollten Sie nach Möglichkeit erst Anfang Herbst mit dem Anbau beginnen. Auf unseren Feldern haben wir versucht, Spinat im Oktober anzubauen und anschließend mit einem lichtdurchlässigen Vlies zu bedecken, das die Pflanzen vor Frost und hungrigen Insekten schützt – mit Erfolg. Der Spinat hat die beißende Kälte des Winters in Minnesota problemlos überstanden und konnte im Frühling, nachdem er aus dem Winterschlaf erwacht war, geerntet werden. Auch in Ihrem Küchengarten können die Pflanzen ohne Weiteres den ganzen Winter hindurch wachsen, allerdings wäre es von Vorteil, wenn die Keimung noch vor dem ersten großen Kälteeinbruch abgeschlossen ist.

Verwenden Sie herkömmliche Pflanzerde, die für Topfpflanzen in Zimmerkultur geeignet ist, und mischen Sie Sand, Kokosfasern oder Vermiculit hinzu, um die Drainagefähigkeit des Bodens zu verbessern. Sie können die Erde auch zusätzlich mit ein wenig Kompost anreichern, um das Nährstoffangebot für Ihre Pflanzen zu erhöhen.

Der ovale Pflanztrog ist ein perfekter Platzhalter für dieses kleine, feine Spinatbeet.

Aussaat und Pflege

Erste Schritte

Um bereits vor der Aussaat für ausreichend Feuchtigkeit im Nährboden zu sorgen, ist es ratsam, die Pflanzerde mit etwas Wasser zu vermischen. Der optimale Wassergehalt lässt sich ganz einfach ermitteln, indem Sie eine Handvoll der vorbereiteten Erde in Ihrer Faust zusammendrücken. Wenn ein paar Tropfen Wasser austreten, ist die Mischung perfekt. Rinnt mehr Wasser ab, müssen Sie trockene Erde zugeben. Bleibt Ihre Faust trocken, gießen Sie noch ein wenig Wasser nach.

Füllen Sie die Erde in Ihr Pflanzgefäß und lassen Sie etwa 2,5 cm zum oberen Rand hin frei.

Drücken Sie mit Ihrem Finger 1 cm tiefe Löcher im Abstand von gut 15–20 cm in die Erde und streuen Sie zwei bis drei Samen in jedes Pflanzloch. Bedecken Sie die Samen mit einer dünnen Schicht Erde und befeuchten Sie den Boden mit einem Wasserzerstäuber. Stellen Sie das Pflanzgefäß an einen sonnigen Ort oder unter eine Gewächslampe.

Je nach Sorte und Wachstumsbedingungen werden die ersten Anzeichen der Keimung nach 7–14 Tagen zu erkennen sein.

Wachstum fördern

Hier sind ein paar Tipps für einen ertragreichen Anbau:

- Behalten Sie die Raumtemperatur im Auge, denn zu viel Wärme tut der Spinatpflanze nicht gut. Klettert das Thermometer auf über 24 °C, sollten Sie einen kühleren Stellplatz für den Spinat finden.
- Überprüfen Sie die Feuchtigkeit der Erde, ehe Sie die Pflanze gießen. Dadurch verhindern Sie eine Überwässerung und beugen Wurzelfäule vor.

Drücken Sie etwa 1 cm tiefe Löcher in die Erde und streuen Sie zwei bis drei Spinatsamen in jede Einbuchtung.

Sie können die Samen auch im Gemüsebeet oder in einem Gartengewächshaus vorziehen und in einen Topf verpflanzen, sobald der junge Spinat robust genug ist.

Komplikationen & Maßnahmen

Bedenkliche und unbedenkliche Begleiterscheinungen im Spinatanbau:

Der Spinat hat gerade erst zu wachsen begonnen und blüht schon

Die Ausbildung der Blüte an den Stielenden wird als „Schossen" bezeichnet und weist darauf hin, dass die Gemüsepflanze bald verbraucht ist. Sehr häufig ist ein Zuviel an Wärme der Grund für die verkürzte Lebenszeit. Wenn die übrigen Spinatpflanzen noch nicht blühen, stellen Sie das Gefäß an einen kühleren Ort und entfernen Sie alle langen Stiele, die so aussehen, als würden sich bald Knospen bilden. Dass eine Pflanze zu schossen begonnen hat, lässt sich auch am Geschmack ihrer Blätter erkennen, der zunehmend bitterer wird.

Nicht alle Samen keimen

Gelegentlich keimen die Samen in einem Topf zu unterschiedlichen Zeiten und es entstehen „Lücken", die Sie mit zusätzlichen Samen füllen können. Spinatsamen keimen für gewöhnlich recht schnell, sodass die jüngeren Pflanzen die vorangegangenen Keimlinge bald einholen werden.

Die Blätter sind welk, eingedellt oder gelblich verfärbt

Dies deutet auf zu häufiges Gießen oder einen Nährstoffmangel hin. Lassen Sie die Pflanze ein bis zwei Tage „austrocknen" und stellen Sie sie dann ins Wasserbad, bis die Erde an der Oberfläche merklich feucht wird. Beim Anbau im Topf kann es manchmal vorkommen, dass sich Trockenstellen im Boden bilden, in die kein Wasser hineingelangt, obwohl die Erde nach dem Gießen von oben gut durchnässt wirkt.

Die Ausbildung der Blüte läutet das baldige Ende der Spinatpflanze ein. Nun ist es meist schon zu spät für die Ernte, da die Blätter bereits sehr bitter schmecken. Es gibt aber auch Spinatsorten, wie den Indischen Spinat in der Abbildung, deren Blüten essbar sind.

Ernte und Aufbewahrung

Bereitmachen für die Ernte

Spinat kann zu jedem beliebigen Zeitpunkt seiner Wachstumsphase geerntet werden, egal ob als Keimpflanze oder als voll ausgereiftes Gemüse. Bei Baby-Leaf-Sorten sollte die Blattlänge etwa 15 cm betragen.

Schneiden Sie die Blätter tiefer unten an den Stielen ab und achten Sie darauf, den inneren Teil der Pflanze intakt zu lassen, damit daraus neuer Spinat reifen kann. Wenn Sie die inneren Blätter entfernen, würde die Pflanze frühzeitig aufhören zu wachsen.

Aufbewahrungslösungen

Spinat hält sich im Kühlschrank bei richtiger Lagerung ungefähr eine Woche. Wickeln Sie die geernteten Blätter ungewaschen in Plastikfolie und drücken Sie so viel Luft wie möglich aus der Folienverpackung, ehe Sie sie einkühlen. Gekocht ist Spinat leider nicht sehr lange haltbar – er wird zu dem ungenießbaren Klumpen, an den ich mich aus meiner Kindheit erinnere – doch in Plastikfolie verpackt, lässt er sich ein paar Tage bis zum Verzehr aufbewahren.

(GEGENÜBERLIEGENDE SEITE) Spinatpflanzen sind robust und können mit einem häufigen Stellplatzwechsel gut umgehen. Vermeiden Sie zu viel direktes Sonnenlicht und Räume, in denen die Temperatur über längere Zeit mehr als 24 °C beträgt. Lassen Sie Spinatpflanzen beispielsweise über Ihrem Kühlschrank wachsen, um die besser sichtbaren Plätze in Ihrem Haus für Pflanzen freizuhalten, die mehr Pflege benötigen oder optisch mehr hermachen. (UNTEN) Spinatblätter sollten an ihren Stielansätzen abgeschnitten und nicht abgerissen werden. Ernten Sie die äußeren Blätter zuerst, damit die inneren weiterwachsen können.

ROTE BETE

Ähnlich wie bei Karotten und Radieschen ist ein erfolgreicher Anbau von Roter Bete sehr oft von der Sortenwahl abhängig. Wurzelgemüse dieser Art erreichen in etwa die gleiche Wurzeltiefe, weshalb ich sie bevorzugt in separaten Gefäßen anbaue. Ein Gemüse-Mix in einem großen Pflanztrog würde zwar hübsch aussehen, hätte jedoch die Folge, dass sich die Wurzeln gegenseitig Platz wegnehmen.

Rote Bete besitzt viele wertvolle Eigenschaften. Ihr Nährwert ist beachtlich, denn sie ist vollgepackt mit Kalium, Eisen, Beta-Carotin, Folsäure und vielen anderen Vitaminen und Nährstoffen. Schon die alten Römer haben sie als Aphrodisiakum eingesetzt (heute weiß man, dass der hohe Bor-Gehalt in der Knolle die Produktion von Sexualhormonen anregt), und ihre entgiftende, körperreinigende Wirkung ist seit mindestens genauso langer Zeit bekannt. Ein weiterer Pluspunkt: Die Blätter dürfen mitgegessen werden.

Mit ihren kräftigen Farben bieten die Sorten der Roten Bete eine willkommene

Rote Bete wird im Haus meist nur bis zum Keimpflanzen-Stadium gezogen, doch wenn Sie ausreichend Platz zur Verfügung haben, können Sie sie auch zu voller Reife bringen.

Abwechslung am Teller, ganz besonders dann, wenn in Ihrem Küchengarten sonst hauptsächlich Keimpflanzen und Keimlinge wachsen.

Vorbereitung

Einträgliche Sorten im Küchengarten

Mich stört es nicht, wenn die purpurroten Rüben das Schneidebrett (und für gewöhnlich auch mein T-Shirt) einfärben, doch für viele Menschen ist der stark färbende Saft der Roten Bete der Grund dafür, warum sie einen Bogen um dieses Gemüse machen. Mit der Auswahl der richtigen Sorte lässt sich diese Eigenschaft der Roten Bete aus dem Weg räumen. Im Bauernladen werden Sie hin und wieder kleine Knollen entdecken, die nur etwa halb so groß sind wie sonst, aber voll entwickelte Blätter besitzen. Dabei handelt es sich um die ausselektierten, kleineren Pflanzen, die der Bauer beim Auslichten des Gemüsefeldes frühzeitig geerntet hat. Die Knollen sind also aus herkömmlichen Rote-Bete-Samen entstanden und schmecken genauso lecker wie ihre ausgewachsenen Verwandten.

- „*Chioggia*": Diese Sorte besitzt rosa-weiß gestreifte Stiele und rote Ringe in ihrer weißen Knolle, die aufgeschnitten an eine Zielscheibe erinnert. Sie kann ziemlich groß werden und sollte im Pflanzgefäß ausreichend Platz finden.

- „*Cylindra*": Auch bekannt als „Formanova", bildet diese Sorte zylinderförmige, violette Rüben aus und entspricht damit ganz und gar nicht der Form einer herkömmlichen Roten Bete. Wenn Sie nach einem Kandidaten für Ihren größten Pflanztopf suchen, sollten Sie diese ausgefallene Sorte in die engere Wahl ziehen.

- „*Touchstone Gold*": Mit ihrer orange-gelben Schale und dem hellgelben Fruchtfleisch lässt sie Angst vor roten Flecken rasch verfliegen. Ihre Stiele können eine beachtliche Höhe erreichen und auch der Fruchtkörper ist fast so groß wie der der „Chioggia". Doch es lohnt sich allemal, für diese tolle Knolle im Küchengarten Platz zu schaffen.

- „*Zeppo*": Hier ist eine kleinere Sorte, die mit einer Reifezeit von 50 Tagen früher geerntet werden kann als viele andere Sorten. Sie keimt sehr zuverlässig, allerdings müssen Sie bei ihrer Verarbeitung mitunter ein paar rote Flecken in Kauf nehmen.

Tassen, Töpfe und andere Gefäße

Auch bei kleineren Rote-Bete-Sorten sollte das Pflanzgefäß eine Mindesthöhe von 40 cm haben, damit sich die Pfahlwurzel, die von der Knolle hinabwächst, ausreichend tief in die Erde bohren kann.

Sie können einen rechteckigen Behälter wählen, um die Anbauweise am Feld nachzuahmen, oder das buschige Grün mit seinen farblich an die Knolle angepassten Stielen aus einem runden Topf in die Höhe wachsen lassen. Von Pflanzgefäßen aus Terrakotta ist im Gemüseanbau generell abzuraten, da sie dazu neigen, dem Boden Feuchtigkeit zu entziehen. Bei regelmäßigem Gießen kommt Rote Bete im Terrakottatopf allerdings weit besser klar als etwa Gartensalat.

Achten Sie darauf, dass das Pflanzgefäß sauber ist, vor allem dann, wenn Sie es bereits zuvor für den Anbau benutzt haben. Als Wurzelgemüse ist Rote Bete besonders anfällig für Krankheitserreger, die sich im Nährboden vermehren.

Vorbereitung des Nährbodens

Um einen möglichst lockeren Nährboden zu schaffen, wäre ein Substrat ohne Erdbestandteile, wie zum Beispiel eine Mischung aus Kompost und Sand, empfehlenswert. Alternativ dazu können Sie etwas Vermiculit in die Pflanzerde mischen, um die Drainagefähigkeit des Bodens zu verbessern, und den Boden Ihres Pflanzgefäßes mit Kokosfasern bedecken, ehe Sie die Erde einstreuen. Diese Methode hat sich in meinem Garten sehr gut bewährt.

Vermeiden Sie größere Steine und grobkörnige Bestandteile in Ihrem Substrat. Die Rüben würden darum herumwachsen und eine ziemlich verbogene Form annehmen.

Stärken Sie den Boden vor der Aussaat mit etwas Flüssigdünger aus Seetang oder mit Kompost-Tee, wenn Sie die Möglichkeit haben, diesen zu Hause zuzubereiten (im Gartenmarkt findet man ihn nur selten). Kompost-Tee enthält unzählige lebende Mikroorganismen, die bei der Verarbeitung des Komposts in Lösung gebracht wurden, und in der Regel genügt schon eine kleine Menge davon, um das Wachstum der Pflanzen zu verbessern. Ich verwende Kompost-Tee oder Fischdünger, wenn ich erschöpfte Pflanzen kräftigen oder den Boden vor der Aussaat meiner Rote-Bete-Samen optimal mit Nährstoffen versorgen möchte.

Rote Bete laugt den Boden sehr schnell aus. Mit Kompost-Tee oder einem anderen Düngemittel verbessern Sie die Startvoraussetzungen.

Aussaat und Pflege

Erste Schritte

Befüllen Sie Ihr Pflanzgefäß bis 2,5 cm unter den Rand mit dem vorbereiteten Substrat. Drücken Sie mit Ihrem Finger 1 cm tiefe Löcher im Abstand von mindestens 7–8 cm in die Erde und streuen Sie in jedes Loch zwei bis drei Samen, um am Ende zumindest eine robuste Rote Bete aus jeder Pflanzstelle ernten zu können. Wenn mehr als ein Same heranreift, ziehen Sie die weniger robusten Keimlinge frühzeitig aus der Erde, damit die kräftigste Pflanze genug Platz zum Wachsen hat. Bedecken Sie die Samen mit einer lockeren Schicht Erde oder Vermiculit. Achten Sie darauf, dass die oberste Erdschicht nicht zu kompakt ist, denn das könnte die Keimung beeinträchtigen.

Gießen Sie ausreichend Wasser ins Pflanzgefäß; der Boden sollte gut durchnässt sein, aber nicht unter Wasser stehen. Wählen Sie einen Standort mit viel direktem Sonnenlicht.

Wachstum fördern

Hier sind ein paar Tipps für einen ertragreichen Anbau:

- Halten Sie die Erde feucht. Im Gegensatz zu vielen anderen Pflanzen, die man nur dann gießen sollte, wenn die Erde besonders trocken wirkt, benötigt die Rote Bete einen geregelten Bewässerungszeitplan, um schnell und robust wachsen zu können. Achten Sie darauf, dass die Pflanze insgesamt nicht zu viel Wasser erhält. Wenn sich die Blätter gelblich zu färben beginnen, ge-

ben Sie der Pflanze etwas Zeit, um aufzutrocknen.

- Drehen Sie das Pflanzgefäß gelegentlich, wenn Sie es am Fenster anstatt unter einer Gewächslampe positioniert haben, da sich die Stiele zum Licht hin neigen und eine zu lange Schräglage sehr anstrengend für die Pflanze sein kann.

Da sich die Pflanze mit ihren großen Blättern zur Sonne hin ausrichtet, sollten Sie den Topf regelmäßig um eine Viertel- oder Halbdrehung weiterbewegen, um einer zu starken Neigung entgegenzuwirken.

Komplikationen & Maßnahmen

Bedenkliche und unbedenkliche Begleiterscheinungen beim Anbau von Roter Bete:

Die Rüben wachsen zu dicht gedrängt

Auf unserem Rote-Bete-Feld sieht es kurz nach der Keimung immer so aus, als würde sich ein Horde Schnäppchenjäger am letzten Einkaufssamstag vor Weihnachten im Kaufhaus zu schaffen machen. Es herrscht dichtes Gedränge und wir müssen das Feld nicht nur einmal, sondern in manchen Fällen bis zu dreimal ausdünnen. Sehr wahrscheinlich wird die Rote Bete bei Ihnen ähnlich dicht wachsen. Ziehen Sie die kleineren, zarteren Keimpflanzen vorsichtig aus dem Boden und genießen Sie sie zu Ihrem nächsten Salat.

Die Blätter hängen schlaff ins Gefäß

Genauso wie bei der Karotte sind auch bei der Roten Bete aufrecht wachsende Blätter wichtig für die gesunde Entwicklung der Pflanze. Häufeln Sie etwas Erde um die Stiele an, um sie zu stützen, bis sie sich von alleine aufrichten.

Reichlich Blätter, doch minimales Wurzelwachstum

Der Grund dafür ist meist ein zu hoher Stickstoffgehalt im Boden aufgrund von Überdüngung. Waschen Sie einen Teil des Stickstoffes aus, indem Sie den Boden regelmäßig gießen und nicht mehr weiter düngen. Eine gute Drainage ist in diesem Fall besonders wichtig.

Die Knollen haben Risse oder sind gespalten

Beim Anbau am Feld passiert das häufig, weil starker Regen und lange Trockenperioden den Wassergehalt im Boden beeinflussen. Rote Bete fühlt sich bei konstanter Bodenfeuchtigkeit jedoch am wohlsten und die Knollen bekommen Risse, wenn die Feuchtigkeitsschwankungen zu groß sind. Im Haus ist das eher selten der Fall, da Sie die Gießfrequenz und die Wassermenge kontrollieren können. Überprüfen Sie Ihre Notizen, wenn sich dennoch Risse zeigen, und optimieren Sie Ihren Bewässerungsplan für den Folgeanbau.

Ernte und Aufbewahrung

Bereitmachen für die Ernte

Genauso wie bei den Radieschen und Karotten wächst der unterirdische Teil der Roten Bete ein wenig aus der Erde hervor, wenn die Pflanze erntereif ist. Dadurch gewinnt man einen guten Eindruck von ihrer Größe.

Bleibt die Knolle unter der Erde verborgen, können Sie sich behutsam ins Erdreich vortasten, um ihren Wachstumsfortschritt zu bestimmen. Wenn die Knolle noch zu klein ist, bedecken Sie sie wieder mit Erde und sehen Sie nach einigen Tagen nochmals nach ihr. Es kann vorkommen, dass die Knollen zu früh aus der Erde treten und sich ihre Häupter grün zu verfärben beginnen. Reagieren Sie rasch, indem Sie die Erde rund um die exponierten Stellen anhäufeln und so dafür sorgen, dass die Knollen bis zu ihrer Ernte bedeckt bleiben. Zum Pflücken der Roten Bete umfassen Sie die Blätter ganz

Wenn die Knollen der Roten Bete in Ihrem Küchengarten so groß werden wie diese, dürfen Sie jubeln. Es ist nicht einfach, aber machbar.

einfach oberhalb des Stielansatzes und ziehen Sie die Knolle aus dem Boden. Das gelingt in der Regel ganz schnell und ohne großen Kraftaufwand.

Aufbewahrungslösungen

Rote Bete kann ungewaschen bis zu drei Wochen im Kühlschrank aufbewahrt werden; das Waschen würde ihre Haltbarkeit reduzieren. Bewahren Sie die Blätter – ebenfalls ungewaschen – in einem Plastikbeutel im Gemüsefach auf.

Die Blätter nicht vergessen! Viele Gärtner kultivieren Rote Bete wegen ihrer erdig schmeckenden Blätter, die gleich wie Spinat, Mangold oder anderes Blattgemüse (Steckrüben, Senf etc.) zubereitet werden.

PFEFFERONI

er Versuch, Paprika im Haus anzubauen, wollte nicht so recht gelingen, denn Paprika benötigt mehr Wärme und Licht als die anderen Gemüse, die in meinem Küchengarten wachsen.

Wenn ein Projekt sehr viel von Ihrer Aufmerksamkeit abverlangt und fortwährend Platz und Ressourcen beansprucht, werden Sie womöglich feststellen, dass Sie für die Gartenarbeit im Haus mehr Zeit aufbringen, als Sie investieren möchten. Mir ist es wichtig, einen Zeitplan für die Aufgaben niederzuschreiben, die im Küchengarten anfallen – im Winter sind es mehr Stunden, im Sommer deutlich weniger. Und wenn eine einzelne Pflanze meint, sie müsse diesen Zeitplan durcheinanderbringen, läuft sie Gefahr, von der Anbaufläche verbannt zu werden.

Mit Pfefferoni sieht die Sache ganz anders aus. Es gibt viele Sorten, die sich von ihrer Größe her wunderbar im Topf anbauen lassen. Und obwohl sie ein paar Eigenheiten bezüglich ihres Wasser- und Wärmebedarfs aufweisen, sind sie sehr pflegeleicht.

Feurige Chilis wachsen gut im Haus und haben die passende Größe für den Küchengarten.

Vorbereitung

Einträgliche Sorten für den Küchengarten

Man könnte meinen, Pfefferonipflanzen hätten ein besonders flaches Wurzelsystem, denn es ist erschreckend einfach, sie umzustoßen oder versehentlich aus dem Boden zu ziehen. Auf einige Sorten trifft das zu, doch es gibt auch andere, deren Wurzeln ziemlich weit in die Erde hineinwachsen. Diese sind für den Anbau im Haus weniger geeignet, es sei denn, Sie haben viel Erde und einen großen Pflanztrog zur Hand, den Sie füllen möchten. Hier finden Sie eine Auswahl an Pfefferoni, die gut in den Küchengarten passen:

- *„Firecracker":* Die Schoten dieser Pfefferoni-Sorte hängen nicht nach unten, sondern schrauben sich senkrecht in die Höhe wie kleine Feuerwerkskörper. Ihre Farbe ändert sich während der Reife von Grün über Gelb zu Rot.

Pfefferoni: Sorte „Firecracker"

- *„Habanero":* Man erkennt sie an der typisch orangen Farbe und an ihrem besonders feurigen Geschmack. Sie gehören zu den schärfsten Pfefferonisorten. Wenn Sie auf das Capsaicin, das die Schärfe erzeugt, empfindlich reagieren, sollten Sie bei der Ernte Handschuhe überziehen.

Habanero-Chili

- *„Hungarian Hot Wax":* Diese Sorte eignet sich besonders gut zum Einlegen. Die festen Schoten sind zu Beginn gelb, werden später jedoch rot, und besitzen eine angenehme Schärfe, die nicht zu stark auf der Zunge brennt.

Pfefferoni: Sorte „Hungarian Hot Wax"

Tassen, Töpfe und andere Gefäße

Wie viele andere Gemüse-pflanzen gedeihen Pfeffero-ni in Kunststofftrögen besser als in Terrakotta, da der Ton den Boden schneller austrocknen lässt. Pfefferoni benötigen generell mehr Wärme und Feuchtigkeit als die meisten anderen Pflanzen im Küchengarten, weshalb Terrakotta eine erdenklich schlechte Wahl wäre.

Achten Sie darauf, dass das Pflanzgefäß sauber ist, vor allem dann, wenn Sie es bereits zuvor für den Anbau benutzt haben. So können Sie die Übertragung von Krankheitserregern auf die neue Pflanze verhindern.

Glasierte Keramiktöpfe verleihen Paprikapflanzen eine edle Optik.

Wachstums-bedingungen

Das richtige Maß an Wasser, Licht und Wärme ist entscheidend für das gesunde Wachstum einer jeden Pflanze. Pfefferoni sind hinsichtlich dieser drei Faktoren ganz besonders wählerisch. Reservie-ren Sie ihnen einen sonnigen Stellplatz an einem nach Süden ausgerichteten Fenster oder sorgen Sie für eine adäquate künstliche Beleuchtung mithilfe einer Ge-wächslampe. Die Lampe sollte während der Keimung nur etwa 15 cm über der Pflanze liegen und für 14–16 Stunden am Tag eingeschaltet sein.

Verwenden Sie herkömmliche Pflanzerde, die für Topfpflanzen in Zimmerkultur geeignet ist, und mischen Sie Sand, Kokosfasern oder Vermiculit hinzu, um die Drainagefähigkeit des Bo-dens zu verbessern. Sie können auch ein wenig Kompost einarbeiten und damit das Nährstoffangebot für Ihre Pflanze erhöhen.

Aussaat und Pflege

Erste Schritte

Sie können die Keimungsdauer Ihrer Pfefferoni verkürzen, indem Sie die Samen vor der Aussaat feucht stellen. Hier ist die Anleitung dazu:

- Streuen Sie die Samen mit etwas Abstand zueinander auf ein nasses Papiertuch und bedecken Sie sie mit einem zweiten nassen Tuch.
- Falten Sie das Papiertuch mit den Samen zusammen und legen Sie es in einen Plastikbeutel oder in ein Plastikgeschirr mit luftdichtem Verschluss.
- Belassen Sie das Geschirr oder den Beutel an einem warmen Ort. Bei mir zu Hause lege ich sie auf ein Regal an unserem Küchendiener, der neben dem Herd parkt. Wenn es im Haus kühler wird, lege ich eine Wärmematte unter das Geschirr.
- Wenn die Samen nach ein paar Tagen aufgequollen sind, können sie gesät werden. Manchmal beginnen sie im Tuch bereits zu keimen und haben damit einen beachtlichen Startvorsprung.

Um schon vor der Aussaat für ausreichend Feuchtigkeit im Nährboden zu sorgen, ist es ratsam, die Pflanzerde mit etwas Wasser zu vermischen. Der optimale Wassergehalt lässt sich ganz einfach ermitteln, indem Sie eine Handvoll der vorbe-

Die Samen werden zwischen zwei nasse Papiertücher gegeben.

reiteten Erde in Ihrer Faust zusammendrücken. Wenn ein paar Tropfen Wasser
austreten, ist die Mischung perfekt. Rinnt
mehr Wasser ab, müssen Sie trockene
Erde zugeben.

Füllen Sie die Erde in Ihr Pflanzgefäß
(falls Sie sie woanders angerührt haben)
und lassen Sie etwa 2,5 cm zum oberen
Rand hin frei.

Pflanzen Sie die Samen etwa 1 cm
tief mit einem Abstand von mindestens
5 cm. Bedecken Sie die Aussaat mit einer
dünnen Schicht Kompost und befeuchten Sie den Boden mit einem Wasserzerstäuber. Stellen Sie das Pflanzgefäß an
einen sonnigen Ort oder unter eine
Gewächslampe.

Wachstum fördern

Hier sind ein paar Tipps für einen ertragreichen Anbau:

- Gießen Sie die Keimlinge regelmäßig, sobald sie aus der Erde wachsen
  und achten Sie darauf, dass der Boden immer schön feucht ist. Pfefferoni brauchen viel Wasser.
- Sorgen Sie mit einem Tischventilator
  für einen leichten, zirkulierenden
  Luftstrom. Lassen Sie den Ventilator
  täglich ein paar Stunden auf niedrigs-
  ter Stufe laufen, um die natürlichen
  Windbedingungen im Freien nachzustellen, ohne dabei jedoch die Raumtemperatur zu stark abzukühlen.

Die Papiertücher mit den Samen werden in Plastik verpackt warm gehalten.

Komplikationen & Maßnahmen

Bedenkliche und unbedenkliche Begleiterscheinungen beim Anbau von Pfefferoni:

Träges Pflanzenwachstum

Lesen Sie nach, welche Reifedauer vom Saatguthersteller angegeben wurde, da diese je nach Sorte sehr unterschiedlich sein kann. Wächst die Pflanze langsamer als vorgesehen, sind möglicherweise Temperaturschwankungen am Stellplatz schuld daran. Zimmerventilatoren, Belüftungsschlitze und sogar die Nähe zu einer Außentüre, die gelegentlich kalte Luft hineinlässt, können das Pflanzenwachstum verlangsamen.

Keine Keimung trotz der Papiertuch-Methode

Pfefferonisamen sind manchmal etwas feinfühlig. Wenn ich merke, dass sie nicht so recht keimen wollen, stelle ich den Pflanztopf auf eine Wärmematte und warte ein paar Tage ab – durch die Matte wird der Boden gerade genug erwärmt, um die Keimung in Gang zu setzen. Beim Anbau von Pfefferoni, vor allem während der Wintermonate, macht sich so eine Keimmatte durchaus bezahlt. Sie ist in jedem Gartenmarkt erhältlich und sieht aus wie ein kleines Heizkissen. Die Wärme, die von ihr abgeht, ist derart gering, dass sie auf jeder beliebigen Oberfläche benutzt werden kann. Ich habe meine meist auf einer hölzernen Anrichte liegen, ohne Angst davor, diese in Brand zu setzen.

Ernte und Aufbewahrung

Bereitmachen für die Ernte

Chilischoten von der selbst gezogenen Pflanze zu ernten, ist wohl einer der glücklichsten Momente, die der Garten im Haus bereithält. Man blickt einer heißblütigen, leuchtenden Schönheit entgegen, deren Geschmack überwältigend sein wird. Denken Sie daran, dass die Schoten zu Beginn grün sind und erst gegen Ende ihrer Reifezeit ihre endgültige Farbe annehmen.

Grüne Sorten lassen sich auf ihre Reife hin prüfen, indem man die Schoten leicht zusammendrückt. Solange sie

Sobald die Schoten roter Pfefferonisorten ihre knallrote Farbe erlangt haben, können Sie sie mit der Schere an den Stielen abschneiden. Die Schoten sollten nicht abgerissen werden.

hart sind, sind sie noch nicht reif, doch sobald sie spürbar nachgeben, können sie geerntet werden.

Um die Schoten zu ernten, schneiden Sie sie am besten an ihrem Stiel ab. Der Versuch, sie zu pflücken, könnte mit einer Entwurzelung der Pflanze enden.

Aufbewahrungslösungen

Pfefferoni sind ungewaschen im Kühlschrank mindestens eine Woche lang haltbar. Sie lassen sich auch wunderbar im Dörrautomaten oder Backrohr trocknen. Wenn wir eine üppige Pfefferoniernte einfahren, trockne ich einen Teil der Schoten und bewahre sie in einem vakuumversiegelten Beutel auf, um sie später für Chili oder Eintopfgerichte zu verwenden.

Rote Chilis und viele andere Pfefferoni lassen sich sehr gut in der Küche oder andernorts trocknen. Sie sehen zudem ganz bezaubernd aus und es macht Spaß, sie für dekorative Zwecke zu verwenden.

KARTOFFELN

Der Kartoffelanbau im Freien und die anschließende Lagerung sind meist derart einfach, dass der Versuch, Kartoffeln im Haus zu kultivieren, wohl eher einen experimentellen als einen praktischen Nutzen verfolgt. Ich bin jedoch ein großer Fan von Experimenten, besonders dann, wenn sie mit Spiel und Spaß verbunden sind.

Manchmal hat der Standort im Haus aber auch Vorteile. Unsere Felder werden Jahr für Jahr von Kartoffelkäfern heimgesucht und da wir überzeugte Biobäuerinnen sind, kommt für uns nur eine natürliche Schädlingsbekämpfung in Frage. Das läuft in der Regel darauf hinaus, dass ich die hellorangen, fingerdicken Käfer zerquetsche, anstatt sie mit Pestiziden zu besprühen, und mich anschließend mit schmutzverschmierten Händen und einem flauen Gefühl im Magen wiederfinde. Bei mir zu Hause hingegen kann ich den Kartoffelpflanzen völlig entspannt beim Wachsen zusehen, ohne das „große Krabbeln" fürchten zu müssen. Hinzu kommt auch ein gewisser Stolz, wenn man weiß, dass man

Kartoffeln können tatsächlich im Haus angebaut werden.

Kartoffeln im eigenen Keller anbauen kann – man fühlt sich wie ein Pionier der Neuzeit.

Vorbereitung
Einträgliche Sorten für den Küchengarten

Landwirte und Gärtner verwenden häufig „Saatkartoffeln" für den Anbau am Feld. Diese Bezeichnung wird für Knollen verwendet, die sich besonders gut vermehren. Viele Gemüsebauern (uns eingeschlossen) legen ihre besten Kartoffeln – meist jene mit den meisten Augen und der festesten Struktur – während der Ernte zur Seite, um sie dann bei der nächsten Aussaat als „Saatkartoffeln" zu verwenden. Im Grunde könnten Sie auch ganz einfach in den Supermarkt gehen, einen Sack Kartoffeln kaufen und diesen zu Ihrem Saatgut erklären. Die Startvoraussetzung wären damit jedoch weit weniger ideal, da die meisten Kartoffeln – ob Bio oder nicht – mit keimhemmenden Mitteln behandelt werden, damit sie länger ansehnlich bleiben. Irgendwann würde wohl auch die Kartoffel aus dem Supermarkt keimen, doch wenn Sie die Wahl haben, sollten Sie sich die besten Knollen ins Beet holen, die Sie finden können. Und das sind eben die, die eigens für den Anbau gezüchtet wurden.

Die relativ kleinen Fingerling-Kartoffeln sind eine gute Wahl für den Garten im Haus.

Beim Erarbeiten Ihrer Anbaustrategie sollten Sie die folgenden Dinge beachten:

- Während der Wintermonate werden von einigen Anbietern keine Saatkartoffeln verschickt. Das liegt daran, dass die Kartoffeln beim Transport Frost abbekommen könnten und dadurch schnell faulen würden.
- Mit Sommerbeginn ist die Auswahl an Sorten mitunter schon recht ausgedünnt, da Bauern und Gärtner ihre Kartoffelbestellungen für gewöhnlich bereits im Frühjahr abgeschlossen haben. Als Saatkartoffeln werden hauptsächlich spätreife Sorten angeboten, die im Oktober geerntet werden. Wer vorausplant, hat also die größere Auswahl.
- Ein Kilo Saatkartoffeln bringt etwa 10 bis 15 Kilo Kartoffeln. Mit ein paar Knollen ist das Kilo schnell erreicht, deshalb ist es ratsam, beim Einkauf Bescheidenheit walten zu lassen.
- Ähnlich wie bei den anderen Pflanzen in Ihrem Küchengarten werden Sie auch bei den Kartoffeln mit kleineren Sorten weit kommen. Ich habe mit Fingerlingen wie „Russian Banana" und „French Fingerling" sowie anderen kleinwüchsigen Sorten, zum Beispiel „Mountain Rose", „Rio Grande" und „All Blue", gute Erfolge erzielt.
- Verglichen mit anderen Kulturpflanzen benötigen Kartoffeln relativ

lange, um zu reifen, vor allem dann, wenn sie sich mit Weizengras und Keimlingen messen müssen. Die kürzeste Reifezeit, auf die Sie hoffen können, liegt bei 70 Tagen, doch generell sollten Sie mit vier Monaten rechnen. Kartoffelpflanzen sind äußerst pflegeleicht; es ist also nicht notwendig, dass Sie Ihre Urlaubspläne über Bord werfen. Aber ein wenig Voraussicht, wann Sie mit dem Anbau beginnen und wann Sie ernten möchten, kann nicht schaden.

Pflanzgefäße

Dies ist Ihre Chance, den größten Pflanztopf in Ihrem Haus funktionsbereit zu machen. Die Möglichkeiten reichen vom 20-Liter-Trog mit eingebohrten Drainagelöchern im Gefäßboden bis hin zum speziellen Kartoffelpflanzsack aus dickem Filz, der sich einfach anheben und umstellen lässt.

Wofür Sie sich auch entscheiden, stellen Sie sicher, dass das Gießwasser gut abfließen kann, sowohl aus dem Gefäß als auch vom Untergrund, auf dem das Gefäß steht. Nach dem Pflanzen müssen die Knollen ordentlich angegossen werden und auch beim Wässern danach wird immer wieder viel Wasser abrinnen, sodass ein Stellplatz nahe eines Wasseranschlusses und einer Abflussöffnung von Vorteil wäre. Bei mir zu Hause habe ich den idealen Platz in der Waschküche im Keller gefunden.

Vorbereitung

Die Vorbereitung auf die Aussaat besteht im Grunde aus zwei Schritten, nämlich dem Zerschneiden und dem Vorkeimen der Saatkartoffeln. Bei kleineren Knollen mit nur einem Auge ist dies nicht unbedingt erforderlich, doch bei den meisten Saatkartoffeln können dadurch das Wachstum und die Krankheitsresistenz der Pflanze verbessert werden. Und so machen Sie die Knolle bereit für die Aussaat:

- Waschen Sie die Kartoffel gründlich. Das Entfernen von Schmutz und Düngerückständen ist beim Pflanzen nicht-biologischer Saatkartoffeln besonders wichtig.

- Zerteilen Sie jede Knolle in mehrere Stücke mit jeweils mindestens einem Auge. Als „Augen" werden jene Stellen der Kartoffel bezeichnet, an denen während der Keimung die Triebe austreten.

- Lassen Sie die Schnittstellen eine Woche lang aushärten („verkorken"), bis die ersten Triebe zu erkennen sind. Nun kann die Kartoffel gepflanzt werden.

- Als Alternative empfiehlt sich eine Methode, anhand der Kinder oft in der Schule über den Keimprozess bei Pflanzen lernen: Stecken Sie vier Zahnstocher auf gleicher Höhe rund um die Mitte der zerteilten Knolle, sodass die Hölzer wie die Speichen eines Rades abstehen. Hängen Sie die Knolle mit dem Auge nach unten in ein Wasserglas; die Zahnstocher liegen am Glasrand auf und verhindern, dass die Knolle ins Wasser fällt. Stellen Sie das Glas ans sonnige Fenster und wechseln Sie das Wasser, wenn es trüb wird. Nach etwa einer Woche werden sich Wurzeln gebildet haben. Mit dieser Methode lässt sich die Keimung der Knolle beschleunigen, allerdings kommt es dabei nicht zur Verkorkung der Schale, durch die die Kartoffelpflanze vor Krankheiten besser geschützt wäre.

Waschen Sie die Saatkartoffeln gründlich.

Die Saatkartoffeln in kleine Stücke mit mind. einem Auge schneiden.

Verwenden Sie Gemüseerde, die für Topfpflanzen in Zimmerkultur geeignet ist, und lockern Sie sie mit Sand oder Vermiculit auf, um die Drainage zu verbessern. Mischen Sie keinesfalls Gartenerde hinzu, selbst wenn sie reich an Kompost und anderen Nährstoffen ist, denn mit der Erde von draußen können Schädlinge und Krankheitserreger an die Knollen gelangen.

Aussaat und Pflege

Erste Schritte

Während die Pflanze wächst, werden Sie laufend Erde nachlegen müssen, daher sollten Sie das Pflanzgefäß zu Beginn nicht mehr als ein Drittel hoch mit der vorbereiteten Erde befüllen.

Setzen Sie die Kartoffelstücke mit der Schnittseite bzw. den Wurzeln nach unten etwa 7 cm tief in die Erde. Der Abstand vom Gefäßrand sowie zwischen den einzelnen Stücken sollte mindestens 15 cm betragen, damit ausreichend Platz zum Wachsen bleibt.

Bedecken Sie die Kartoffeln etwa 7 cm hoch mit Erde und gießen Sie sie gut an, bis Wasser aus den Drainagelöchern im Gefäßboden fließt.

Wachstum fördern

Sobald die Blätter der Kartoffelpflanze etwa 15 cm hoch aus dem Boden ragen (ungefähr ein bis drei Wochen nach der Aussaat), füllen Sie so viel Erde nach, bis nur noch die Blattspitzen zu sehen sind. Fahren Sie in den folgenden Wochen auf diese Weise fort, bis das Gefäß vollständig mit Erde befüllt ist. Durch das schichtweise Erhöhen des Nährbodens schützen Sie die Knollen vor Sonnenlicht und verhindern, dass sie durch ein verfrühtes Hervortreten aus der Erde grün werden.

Grüne Kartoffeln mögen vielleicht hübsch aussehen, doch sie beinhalten eine erhöhte Konzentration an Solanin, einer schwach giftigen Substanz, die der Pflanze als Abwehrstoff dient. Der Solaningehalt steigt an, wenn die Kartoffel zu nah an der Oberfläche wächst oder über längere Zeit in einem nicht vollständig abgedunkelten Raum gelagert wird. Auch wenn keine grünen Stellen sichtbar sind, kann Solanin in erhöhten Mengen in der Knolle vorhanden sein. Erkennbar ist das an ihrem bitteren Geschmack. Das sorgfältige Aufschichten der Erde ist eine effektive Maßnahme, um einem Anstieg des Solaningehaltes vor der Ernte entgegenzuwirken.

Gießen Sie die Pflanzen regelmäßig, um das Wachstum voranzutreiben. Der Boden sollte feucht, aber nicht zu sehr durchnässt sein.

Komplikationen & Maßnahmen

Bedenkliche und unbedenkliche Begleiterscheinungen im Kartoffelanbau:

**Aus dem gepflanzten Knollenstück
wachsen keine Triebe nach oben**

Wenn Sie Supermarktkartoffeln anstatt
ausgewiesener Saatkartoffeln gepflanzt
haben, müssen Sie mit einem Ausfall der
Keimung rechnen. Auch Saatkartoffeln,
die vor der Aussaat noch nicht gekeimt
haben, führen zu einem verzögerten
Pflanzenwachstum.

**Auf den Blättern sind süße, kleine, gelb-
schwarze Käfer**

Das Böse hat viele Gesichter und dieses ist
eines davon. Entfernen Sie den Kartoffel-
käfer unverzüglich von den Blättern, ehe
er Ihre Pflanze auffrisst. Sie können die
Käfer im Eifer des Gefechts zerquetschen
oder sie in einem Kübel mit Seifenwasser
verenden lassen. Um sicherzugehen, dass
Sie auch die Eier unschädlich gemacht
haben, lassen Sie ein paar zerschnittene
Basilikumblätter in einer Tasse Wasser ein
paar Tage lang ziehen und tragen Sie das
Wasser im Anschluss mit einem Zerstäuber auf die Blätter auf.

**Die Blätter bleiben grün, obwohl die
Reifedauer bereits überschritten ist**

Kurz vor der Kartoffelernte beginnt die
Zeit, in der man sich wünschte, die saftig
grünen Blätter würden endlich welken.
Wenn das nicht passiert, ist der Stellplatz
womöglich zu warm. Den natürlichen
Wachstumsbedingungen entsprechend
wäre eine Nachttemperatur von 13 °C ideal. Oft hilft es aber schon, die Pflanzen an
den kühlsten Ort im Haus zu stellen.

Ernte und Aufbewahrung

Bereitmachen für die Ernte

Je nach Sorte beträgt die Reifezeit zwischen zwei und vier Monaten. Frühkartoffeln können nach etwa zwei Monaten geerntet werden. Sie besitzen eine dünnere Schale als mittelfrühe und späte Sorten und sind daher weniger lange lagerfähig. Aufgrund ihres frischen, cremigen Aromas schmecken sie jedoch besonders lecker.

Man erkennt reife Kartoffeln daran, dass ihre Stiele und Blätter vertrocknen und ziemlich unansehnlich werden. Als bei den ersten Kartoffelkulturen, die ich anbaute, die Blätter nach einigen Wochen zu welken begannen, war ich überzeugt, ich würde etwas falsch machen. Umso größer war jedes Mal die Freude, als die kleinen Knollen, die ich daraufhin aus der Erde zog, doch so prächtig gewachsen waren. Mittlerweile weiß ich, dass die Blätter als Teil des Reifeprozesses von den Knollen leer gesaugt werden und man die reifen Knollen zwei bis drei Wochen nach Absterben der Blätter ernten kann.

Zum Ausgraben der Kartoffeln ziehen Sie einfach am Stiel der Pflanze an, bis Sie die neu gewachsenen Knollen an den Wurzeln baumeln sehen. Auch die „Mutterknolle" wird dabei freigelegt; sie ist allerdings nicht essbar, kann aber kompostiert werden. Pflücken Sie die Knollen von den Wurzeln und durchwühlen Sie die Erde im Pflanzgefäß, um sicherzugehen, dass sich keine Kartoffeln mehr unter der Erde befinden.

Bringen Sie das Pflanzgefäß für die Ernte nach Möglichkeit ins Freie, denn beim Pflücken der Kartoffeln fällt reichlich Erde ab.

Aufbewahrungslösungen

Wenn Sie Kartoffeln über längere Zeit lagern möchten, legen Sie sie nach der Ernte zuerst an einen schattigen Ort, wie etwa in eine Garage oder unter eine geschützte Veranda, damit sie trocknen können. Für die weitere Lagerung wäre ein Keller oder ein ähnlich dunkler, kühler, trockener Ort ideal. Bewahren Sie die Knollen am besten in Jutesäcken oder anderen Netzbeuteln auf, damit sie weiterhin Luftkontakt haben.

Wichtig dabei ist, die Kartoffeln nach der Ernte nicht zu waschen, sondern erst unmittelbar vor dem Verzehr, da feuchte Knollen zu Fäulnisbildung neigen.

TOMATEN

Ich habe die Tomaten für den Schluss aufgehoben, weil sie so etwas wie eine Bonusaufgabe sind. Einige Gartenfreunde haben mir versichert, dass es unmöglich ist, Tomaten im Haus anzubauen – zumindest keine brauchbaren, schmackhaften Exemplare –, weil sehr viel von dem, was Tomaten zum Wachsen benötigen, nur im Freien vorhanden ist. Bienen, zum Beispiel.

Bienen und Hummeln liefern durch die Bestäubung der Blüten einen wertvollen Beitrag dazu, die Fruchtqualität der Tomatenpflanze zu verbessern und ihren Ertrag zu steigern. Doch wie Sie später lesen werden, können Sie die Bestäubung auch selbst in die Hand nehmen, wenn Sie Tomaten in Ihrem Küchengarten züchten möchten.

Obwohl ich Tomaten für mein Leben gern esse, lasse ich dieses Projekt in der Regel außen vor, weil es ziemlich zeitaufwendig ist und Tomaten recht anspruchsvoll sind. Doch hin und wieder komme ich nicht darum herum, einen frei gewordenen Topf mit Tomatensamen zu bestücken. Wenn sich dann eine winzige, grüne

Kleine Tomaten wie etwa Kirschtomaten (OBEN) oder Strauchtomaten (GEGENÜBER) können bei ausreichend Licht, Wärme, Luft und Feuchtigkeit im Küchengarten wachsen.

Beere am Strauch formt und zu einer süßen, kleinen Köstlichkeit heranwächst, werde ich für meine Mühen belohnt.

Vorbereitung

Einträgliche Sorten für den Küchengarten

Wie gern ich doch behaupten würde, in meinem Küchengarten wüchsen handtellergroße, saftige Tomaten wie Kokosnüsse von den Ranken, während der Wind draußen den Schnee seitlich über die Felder bläst. Meine Versuche, größere Tomatensorten im Haus anzubauen, waren jedoch wenig zufriedenstellend, also habe ich mich entschlossen, den Sorten treu zu bleiben, die gut wachsen. Hier sind meine Favoriten:

- „Yellow Pear": Diese fröhlich leuchtende, kleine Tomate zählt zu den alten Kultursorten. Mit ihrer gelben Farbe und ihrer birnenförmigen Frucht bietet sie einen schönen

Tomate: Sorte „Yellow Pear"

Kontrast zu roten und orangen Kirschtomaten.
- „Pink Ping Pong": Die Frucht dieser Kirschtomate ist eher hellrot als pink und wird in etwa so groß wie ein Tischtennisball.
- „Tommy Toe": Diese alte Kultursorte aus den Ozark Mountains, einer Hochlandregion in den USA, ist

besonders krankheitsresistent und reich tragend.
- „Alaska": Sie wächst sehr gut bei kühlem Klima und stammt ursprünglich aus Russland. Sie reift schnell und bildet große, rote Kirschtomaten aus.
- „Cream Sausage": Diese buschige Tomatenpflanze lässt sich wunderbar ohne Rankhilfe anbauen. Ihre länglichen, spitz zulaufenden Früchte erinnern an eine Paprika und werden zur Gruppe der Flaschentomaten gezählt.

Es gäbe noch viele weitere, vor allem alte Kultursorten, die wunderbar in den Küchengarten passen würden und jede dieser Sorte begeistert durch ihre individuellen Eigenheiten.

Beim Einkauf der Samen sollten Sie zwischen begrenzt und unbegrenzt wachsenden Tomaten unterscheiden. Erstere wurden gezüchtet, um eine bestimmte Höhe und Anzahl an Früchten zu erreichen. Sie sind für gewöhnlich buschiger und müssen weniger stark gestützt werden. Die Früchte der begrenzt wachsenden Sorten werden alle zur selben Zeit reif.

Unbegrenzt wachsende Sorten hingegen können fortwährend beerntet werden, bis die Pflanze verbraucht ist oder dem Frost zum Opfer fällt. Sie lassen viele Fragen offen, da man weder ihre endgültige Wuchshöhe noch die Fruchtmenge noch ihre Lebensdauer vorhersehen kann – doch das herauszufinden, ist Teil des Spieles.

Pflanzgefäße und Rankhilfen

Tomaten strecken ihre Wurzeln gern weit in den Boden hinein, weshalb ein größeres Pflanzgefäß sinnvoll ist. Zudem lassen sich Pflanzstäbe, Rankgitter oder ähnliche Stützsysteme, die für einen gesunden Pflanzenwuchs wichtig sind, in einem großen Topf einfacher anbringen. Ich habe bereits einige Küchengärten gesehen, in denen Tomaten in handlichen 20-Liter-Kübeln gepflanzt wurden und sehr ertragreich gewachsen sind. Viel kleiner sollte das Pflanzgefäß allerdings nicht sein, denn dann fänden die Wurzeln nicht mehr genug Platz, um sich vollständig zu entwickeln.

Ist es an dieser Stelle überhaupt noch notwendig zu erwähnen, wie wichtig eine ausreichende Drainage ist? Oder dass Sie Löcher in den 20-Liter-Kübel bohren müssen? Hätte mein Verleger es erlaubt, wäre ich versucht gewesen, dieses Buch wie folgt zu betiteln: *Die Wichtigkeit der Drainage: Gärtnern für Menschen mit den geeigneten Töpfen.* Doch Spaß beiseite; ich denke, Sie wissen mittlerweile, wovon ich rede. Drainage ist etwas Großartiges.

Zum Stützen der Tomatenpflanzen gibt es viele Möglichkeiten. Ich habe schon zahlreiche zweckdienliche Rankhilfen bewundern dürfen, angefangen bei einem einfachen, hölzernen Maßstab, an den die Pflanze mit Draht gebunden war, bis hin zum ausgeklügelten Rankgitter in einem Pflanztopf, der sich über ein Reservoir selbstständig mit Wasser versorgte.

Viele Gärtner mit geringem Budget (dazu zähle auch ich) finden mit einem gewöhnlichen Rankturm, wie er im Gartenmarkt meist schon für unter 10 Euro (manchmal sogar für unter 5 Euro) erhältlich ist, ihr Auslangen. Diese runden oder dreieckig gebauten Türme sind in etwa 100–120 cm hoch und bestehen aus Metallstäben, die sich mühelos in den Pflanztopf stecken lassen. Dank der stufenweise angeordneten Ringe können die Tomatenranken durch das Gitter gefädelt und locker an die Ringe oder seitlichen Stäbe gebunden werden.

Mit ihrem kompakten Rankturm und eingebauten Wasserreservoir im Pflanztopf ist diese Stabtomate für den Umzug in den Küchengarten bereit.

Wachstumsbedingungen

Sofern Sie kein Gewächshaus besitzen, das Sie mit einer adäquaten Beleuchtung ausstatten können, sollten Sie das sonnigste Südfenster in Ihrem Haus als Standort für Ihre Tomatenpflanzen wählen. Nur in heißeren Klimazonen wäre ein östlich oder gar nördlich ausgerichtetes Fenster besser geeignet.

Im tiefsten Winter, wenn sich die Sonne kaum blicken lässt, ist es ratsam, das schwache natürliche Licht durch Vollspektrum-Leuchtstofflampen zu verstärken. Reservieren Sie mindestens zwei dieser Lampen für Ihre Tomaten und platzieren Sie sie nicht weiter als 30 cm über den Pflanzen.

Verwenden Sie eine hochwertige Pflanzerde, die für Topfpflanzen in Zimmerkultur geeignet ist, und erhöhen Sie den Nährstoffgehalt durch Beimengen von Kompost oder einem anderen Düngemittel. Legen Sie ein paar Steine oder Kieselsteine auf den Boden des Pflanzgefäßes, ehe Sie es mit Erde auffüllen, um den Wasserabzug zu verbessern und gegen Wurzelfäule vorzubeugen.

Aussaat und Pflege
Erste Schritte

Es stehen mehrere Anbaumethoden zur Auswahl. Wenn Sie Ihre Tomaten selbst säen möchten, bedenken Sie, dass es ziemlich lange dauern wird, bis die Pflanze Früchte trägt, vor allem bei unbegrenzt wachsenden Sorten, die erst ab einer Höhe von mindestens 90 cm zu blühen beginnen.

Für die Aussaat von Tomatensamen sollten Sie ein deutlich kleineres Gefäß verwenden, da darin die Ausbildung des Wurzelballens begünstigt wird und die junge Pflanze insgesamt robuster und gesünder wachsen kann. Bepflanzen Sie einen kleinen Topf mit jeweils einem Tomatensamen, den Sie etwa 5 cm tief in die Erde stecken und regelmäßig gießen, um das Wachstum anzuregen.

Tomatensamen für den Küchengarten können auch im Haus angepflanzt werden.

Mit zunehmender Wuchshöhe benötigt die Pflanze mehr Platz. Setzen Sie sie in einen mittelgroßen Topf um und stützen Sie den Stiel bei Bedarf mit einem kurzen Stecken, Lineal oder Pflanzstab. Sobald auch dieser Topf zu klein geworden ist, verpflanzen Sie die Tomatenstaude in das große Pflanzgefäß, in dem sie von nun an bleiben wird. Nach jedem Umtopfen sollten Sie die Pflanze großzügig wässern, damit sie sich von der Entwurzelung erholen und sich an die neuen Wachstumsbedingungen anpassen kann.

Anstelle von Samen können Sie gegen Ende des Sommers auch einen Zweigschnitt einer Tomatenstaude aus Ihrem Garten (oder aus Nachbars Garten, wenn Sie die Erlaubnis dazu haben) verwenden. Schneiden Sie einen Zweig einer Sorte, die Sie besonders gern mögen, ab und entfernen Sie alle Blätter bis auf das letzte an der Spitze des Stieles. Setzen Sie den Zweig in ein Glas Wasser und stellen Sie dieses an ein sonniges Fenster. Am Stielansatz werden sich Wurzeln bilden, die die neue Tomatenpflanze zum Leben erwecken. Sobald die Wurzeln einige Zentimeter lang sind, können Sie den Stiel in Ihr großes Pflanzgefäß einsetzen. Vergraben Sie ihn fast zur Gänze, bis nur noch die oberen Blätter aus der Erde hervorschauen.

Schließlich haben Sie noch die Möglichkeit, Setzlinge aus dem Gartenmarkt oder einem Gärtnereibetrieb zu kaufen. Damit würden Sie gewiss nicht mogeln, sondern sich lediglich einen kleinen Startvorsprung verschaffen, der bei all den anderen Aufgaben, die im Küchengarten anfallen, eine willkommene Erleichterung sein kann. Wenn ich nicht die Zeit dazu habe, winzige Sämlinge zu hegen und zu pflegen, zu düngen und zu gießen, bis daraus robuste Tomatenpflanzen gewachsen sind, dann scheint es mir angemessen, der örtlichen Gärtnerei einen Besuch abzustatten und mir gesunde, schöne Setzlinge für meinen Küchengarten zu besorgen.

Tomatensetzlinge sind preiswert und zuverlässig, jedoch meist nur für kurze Zeit im Frühling zu haben.

Wachstum fördern

Während die Tomatenpflanze heranwächst, können Sie sie beim Erlangen der Fruchtreife unterstützen:

- Für die Handbestäubung genügt es, die Blüten täglich vorsichtig zu schütteln. Manche Gärtner streifen mit einem Pinsel über die Blüten, um damit die Pollen von einer Blüte auf die andere zu befördern. Beide Techniken funktionieren, da sie die Arbeit der Bienen und Hummeln imitieren. Es macht Spaß, unterschiedliche Methoden zu recherchieren und auszuprobieren. Man stößt dabei auf die skurrilsten Bestäubungstechniken, bei denen beispielsweise eine Straußenfeder, eine Stimmgabel, die auf den Ton C gestimmt ist, oder ein Elektrorasierer zum Einsatz kommen. Besonders erfolgversprechend soll die elektrische Zahnbürste sein, von der man nicht den Bürstenkopf, sondern den vibrierenden Stiel verwendet, um an den Blüten zu rütteln und so die Pollen freizusetzen.

- Eine gute Belüftung kräftigt die Pflanzen und erleichtert die Bestäubung, weshalb ein Ventilator am Stellplatz Ihrer Tomaten nicht fehlen sollte. Ich verwende einen schwenkbaren Ventilator, da dieser die Pflanze nur gelegentlich streift, wie es eine sanfte Sommerbrise im Freien täte. Wäre der Ventilator so gestellt, dass er pausenlos auf die Pflanze bliese, würde der direkte Luftstrom sie irgendwann zu sehr beanspruchen.

- Schaffen Sie einen natürlichen Tag-Nacht-Rhythmus. Obwohl Tomaten die Sonne lieben, müssen sie zwischendurch auch rasten, um sich gesund entwickeln zu können. Wenn Sie Ihre Tomatenpflanzen unter Leuchtstoffröhren wachsen lassen, schalten Sie die Lampen am besten bei Sonnenaufgang ein und bei Sonnenuntergang wieder ab. Während der Wintermonate können Sie die Tageszeit bei Bedarf um ein paar Stunden verlängern. Hierfür wäre eine Zeitschaltuhr ganz praktisch.

- Eine gleichmäßige Wasserzufuhr bekommt den Tomatenpflanzen genauso gut wie warme Sonnentage. Die Erde im Pflanzgefäß sollte feucht, aber nicht zu stark durchnässt sein. Je nachdem wie hoch die Luftfeuchtigkeit in Ihrem Haus ist, wird es notwendig sein, die Pflanzen alle paar Tage in regelmäßigen Abständen zu gießen.

- Schützen Sie Ihre Pflanzen vor Insekten wie Blattläusen, Spinnmilben und Mottenschildläusen/Weißen Fliegen. Diese sind im Küchengarten keine Seltenheit und können Ihren Tomaten beachtlichen Schaden zufügen. Legen Sie Insektenklebefallen nahe der Tomatenpflanzen aus oder sprühen Sie eine Lösung aus milder Seife (z. B. „Dr. Bronner's") und Wasser mit einem Zerstäuber auf Stiele und Blätter.

Komplikationen & Maßnahmen

Bedenkliche und unbedenkliche Begleiterscheinungen im Tomatenanbau:

Die Blätter haben einen Gelbstich und die Pflanze wächst sehr langsam

Wenn Tomatenpflanzen müde und ausgelaugt wirken, können Sie sie mit ein wenig Dünger wieder fit machen. Kelp und Knochenmehl sind als Nährstofflieferanten besonders gut geeignet. Tomaten zählen zu den starkzehrenden Gemüsearten, deshalb sollten Sie trotz des Komposts in der Erde mehrmals nachdüngen. Gelbe Blätter sind in der Regel ein Anzeichen von Nährstoffmangel oder Überwässerung.

Die Früchte färben sich an der Unterseite schwarz und sehen verbrannt aus

Es handelt sich hierbei um die sogenannte Blütenendfäule, ein Schadbild, das zwar bedrohlich aussieht, jedoch keine Pflanzenkrankheit ist und sich gut eindämmen lässt. Sie wird sehr oft durch einen Calcium-Mangel, bedingt durch unregelmäßiges Gießen, hervorgerufen. Am Feld entstehen die schwarzen Dellen an den Früchten, wenn nach starken Regenfällen eine lange Trockenperiode einsetzt. Eine weitere mögliche Ursache ist ein Stickstoffüberschuss im Boden, ausgelöst durch Überdüngung. Bei frühzeitigem Erkennen der Blütenendfäule können Sie weiteren Schaden verhindern, indem Sie den Boden gleichmäßig feucht halten und mulchen – besorgen Sie sich dazu etwas Stroh im Gartenmarkt und bedecken Sie damit die Erde um Ihre Tomatenpflanzen, um raschem Feuchtigkeitsverlust entgegenzuwirken.

Dunkle Flecken an den Blättern

Für großes Ärgernis unter Tomatenbauern sorgt diese hartnäckige Pilzkrankheit, auch Kraut- und Braunfäule genannt. So mancher Hobbygärtner verliert dadurch seine Ernte und versucht, den Pilz durch einen Wechsel der Anbaustelle in der nächsten Anbausaison fernzuhalten. Im Küchengarten wird Kraut- und Braunfäule meist schnell erkannt und man hat bessere Chancen, sie abzuwehren. Wichtig dabei ist, die Blätter trocken zu halten, die Pflanze keinesfalls mit Wasser zu besprühen und sie auch nicht zu berühren, wenn sie nass ist, damit sich der Pilz nicht weiter ausbreiten kann. Pflücken Sie die erkrankten Blätter vom Strauch und vernichten Sie sie. Erhöhen Sie zudem die Luftzufuhr, um ein Feuchtwerden der Blätter zu vermeiden. Bei großflächigem Befall sollten Sie ein Fungizid-Spray auf Kupferbasis auftragen; dieses ist für Bio-Tomaten geeignet. Kupfer schützt im Übrigen auch vor Sternrußtau sowie Echtem und Falschem Mehltau.

Die Früchte haben Risse

Dies ist ein weiteres Anzeichen für eine ungleichmäßige Bewässerung. Wenden Sie die oben genannten Strategien an, um das Problem in den Griff zu bekommen.

Ernte und Aufbewahrung

Bereitmachen für die Ernte

Die reifen Tomaten von den Rispen zu pflücken, ist einfach. Deutlich schwieriger wird es sein, sie nicht sofort in den Mund zu stecken und zuzubeißen. Die Reifezeit ist je nach Sorte unterschiedlich und dauert für gewöhnlich so lange, bis die anfangs grünen Früchte die ihrem Sortenbild entsprechende Farbe erlangt haben.

Aufbewahrungslösungen

Tomaten können nach der Ernte ruhig ein paar Tage am Küchentisch liegen bleiben, vor allem dann, wenn sie noch ein wenig nachreifen sollen. Das tun sie übrigens, obwohl sie bereits gepflückt wurden. Im Kühlschrank haben Tomaten nichts zu suchen (es sei denn, Sie haben sie bereits zu Salsa verarbeitet), denn dort verlieren sie an Kompaktheit und an Geschmack.

Einfach drehen und ziehen – Tomaten ernten ist ganz leicht.

VIELE GEMÜSEARTEN IM KÜCHENGARTEN

Freiraum zum Experimentieren bieten nicht nur Kräuter und Keimpflanzen, sondern auch die unzähligen verschiedenen Gemüsearten, die man im Haus anbauen kann. Nachdem Sie Ihren Stellplatz aufgerüstet und einige Klassiker wie Karotten und Radieschen geerntet haben, möchten Sie vielleicht neue Wege gehen.

Meiner Erfahrung nach ermuntert jeder Erfolg dazu, einen weiteren Blick in den Saatgutkatalog zu werfen, um das nächste Projekt zu planen. Würde es mir gelingen, Zwerg-Obstbäume zu ziehen? Oder essbare Blumen? Oft sammle ich neue Erfahrungen, indem ich verschiedene Sorten einer Gemüseart ausprobiere, die in meinem Küchengarten besonders gut gewachsen ist. Nach den „French Breakfast"-Radieschen versuche ich es beispielsweise mit „Purple Plum"-Radieschen in einem etwas größeren Pflanzgefäß, um zu sehen, ob ich damit genauso erfolgreich bin.

Es ist wichtig zu wissen, dass einige Gemüsearten für den kleinen Garten im Haus schlichtweg ungeeignet sind. In einem Gewächshaus könnte man sie vielleicht anbauen, bei einer sorgfältig überwachten Luftfeuchtigkeit und Temperatur, mit einer großflächigen Beleuchtungstechnik, einem automatisierten Belüftungssystem und einem häufigen Einsatz von Düngemitteln. In einer Gärtnerei gäbe es zudem Vollzeitangestellte, die sich acht Stunden (oder mehr) am Tag mit den Bedürfnissen der Pflanzen auseinandersetzen und die eben genannten Komponenten entsprechend anpassen können.

Für die meisten Menschen, mich selbst eingeschlossen, ist es bedeutend einfacher, jene Projekte in Angriff zu nehmen, die in kleinerem Rahmen umsetzbar sind und nur einen geringen zeitlichen und finanziellen Aufwand erfordern. Es ist oft sinnvoller, auf gut wachsende Gemüse wie Salat und Karotten zurückzugreifen, anstatt sich auf Pflanzen wie Kohl, Artischocken oder Kürbis zu fixieren, die am Feld viel besseren Ertrag liefern.

Glücklicherweise bieten die Gemüsearten, die sich im Küchengarten wohl fühlen, eine große Sortenvielfalt, angefangen vom Spinat bis hin zu den Kirschtomaten. Pflanzen Sie zuerst das, was Sie gern auf Ihrem Teller sehen würden und lassen Sie dem Abenteuer von da an seinen Lauf.

Schlusswort

Zeit zum Spielen: Holen Sie sich den Garten ins Haus

In diesem Buch habe ich Sie mit meiner ganz persönlichen Startaufstellung an Keimpflanzen, Sprossen & Co bekannt gemacht. Nun liegt es an Ihnen, Ihre Spielzüge zu gestalten und den vielen Ideen, die Sie für Ihren Küchengarten haben, Form zu geben. Vielleicht entscheiden Sie sich dazu, Karotten als Keimpflanzen anzubauen anstatt in Rübenform oder in Ihren Töpfen ausschließlich Gartensalat zu säen, weil Ihr Kaninchen genauso gern an frischen Salatblättern knabbert wie Sie. Betrachten Sie jeden Erfolg als Chance, sich einen weiteren Schritt vorwärts zu wagen, und werten Sie Rückschläge als lehrreiche Erfahrungen.

Manches Mal – öfter, als es mir lieb ist – erweist sich ein gut durchdachter Plan als erfolglos und ich lande unsanft am Boden der Tatsachen. Doch ich notiere mir die Ergebnisse meines Experiments und halte nach anderen Möglichkeiten Ausschau. Sind die „White Beauty"-Radieschen vielleicht besser geeignet? Würde es mir gelingen, Wassermelonen-Radieschen zu züchten, obwohl sie um so vieles größer sind als die Radieschensorten, die ich bislang gepflanzt habe? Das ist die Art von Fragen, die mich verträumten Blickes durchs Gartencenter wandern lassen, wenn ich Kokosfasern und Fischdünger in den Einkaufswagen schlichte.

Dass ich mich auch heute noch der Tagträumerei hingeben kann, lässt mich darauf schließen, dass meine Neugierde und Abenteuerlust noch lange nicht gestillt sind. Das Küchengärtnern mit seinen vielen tückischen Feinheiten birgt ein hohes Frustrationspotenzial in sich und die vielen ermutigenden Worte in diesem Buch sollen nicht darüber hinwegtäuschen, dass auch ich zur Genüge mit Schimmel, Blattläusen und schrumpeligen Blättern zu kämpfen habe und mehr als einmal dem Verzweifeln nahe war. Am schlimmsten trifft es mich, wenn ich in einen Topf mit Pflanzerde blicke, wohl wissend, dass an dieser Stelle eigentlich ein zarter, kleiner Spross durch die Deckschicht aus Vermiculit blicken sollte, und ich absolut kein Lebenszeichen erkennen kann.

Trost und Zuversicht finde ich in der Erkenntnis, dass das Küchengärtnern ein stetiger Arbeitsprozess ist, der nach Anpassungsfähigkeit und Flexibilität verlangt – Eigenschaften, die mir nicht nur beim Gärtnern, sondern in praktisch allen Lebensbereichen nützlich sind. Wenn ich mich von diesem Gedanken tragen lasse, erscheint mir meine Arbeit vielmehr wie eine Fortführung dessen, was ich in meinem Leben säen möchte: Nahrung, Hingabe, Achtsamkeit und Begeisterung.

Seien Sie zu Recht stolz auf sich, wenn die ersten Keimpflanzen aus der Erde ragen und genießen Sie dieses Hochgefühl von der ersten Sekunde an bis zu jenem Moment, an dem Sie Ihre Ernte als Beilage auf Ihrem Teller servieren. Das Gärtnern bereichert uns in vielerlei Hinsicht. Es schärft unser Ernährungsbewusstsein und unseren Gemeinschaftssinn und es erhöht unsere Wertschätzung gegenüber uns selbst und Mutter Natur.

Anhang

Netzadressen

Samen und Zubehör

http://samen-schenker.de/
http://biogartenversand.de/
https://www.samenhaus.de/
http://www.samenshop.org/
https://www.poetschke.de/Gemuese-samen–2711d.html
http://www.sperli-shop.de/
https://www.gartenrot.com/saatgut/
http://bio-kraeuter.de/
http://www.aiko-samen.de/
http://www.michis-tomatensamen.de/
http://www.beet-box.at/shop/
http://www.baldur-garten.at/kategorie/Gemuesesamen/Samen/Gemuesesamen/detail.html

Tomaten

http://www.tomaten.de/
http://www.karierte-tomate.de/flascheneiertomaten-samen/

Pilze

http://www.pilzgarten.at/
http://www.pilzzucht.at/

Sprossen, Keimlinge, Keimpflanzen, Weizengras

http://www.eschenfelder.de/produkte/sprossen-und-keime
http://www.beet-box.at/sprossen/
http://sprossen-selbstgemacht.de/
http://www.sprossenmanufaktur.de/
http://www.keimsprossenundsaaten.de/
http://www.keimling.de/easy-sprout.html
http://www.getreidemuehlen.de/Sprossen-Keime/60.html
http://wild-kraeuter.com/wildkraeuter/
http://www.weizengras.de/

Projekt Solidarische Landwirtschaft (SoLaWi)

Dieses Projekt ist auch im deutschsprachigen Raum unter den Bezeichnungen Solidarische Landwirtschaft (SoLaWi), Gemeinschaftshof, Landwirtschaftsgemeinschaft oder Versorgungsgemeinschaft verbreitet. In der Schweiz lautet die Bezeichnung Vertragslandwirtschaft, bei der eine Gruppe von Verbrauchern auf lokaler Ebene mit einem Partner-Landwirt kooperiert. Umfassende Informationen finden sich im Netz unter: www.solidarische-landwirtschaft.org

Definition

Unter Keimpflanzen, Keimlingen und Sprossen wird im Buch Folgendes verstanden: Der Keimling ist das junge Pflänzchen, das frisch aus dem Samen schlüpft. Es umfasst die komplette spätere Pflanze, also sowohl die jungen Wurzeln als auch die späteren oberirdischen Teile. Sprossen sind strenggenommen nur die oberirdischen Teile des Keimlings, also Stängel und die späteren Blätter. Die Wurzeln gehören eigentlich nicht zu den Sprossen. Im allgemeinen Sprachgebrauch wird aber häufig der gesamte Keimling als „Sprosse" bezeichnet. Keimpflanzen (*microgreens*), die nächste Stufe nach dem Keimling, sind größer als Sprossen, aber kleiner als „Babysalate" (Blättchen, essbare Blumen und ähnliche beliebte Salatkomponenten). Keimpflanzen haben mindestens zwei „echte" Blätter nach den Keimblättern entwickelt, die bereits im Samen angelegt sind. (Anm. der Red.)

Bildnachweis

Register